ما هو البيتكوين.

Bitcoin هي أشياء كثيرة: شبكة كمبيوتر عالمية مفتوحة المصدر ، من نظير إلى نظير ، ومجموعة من البروتوكولات ، وذهب رقمي ، وطليعة دلو جديد من التكنولوجيا ، وعملة مشفرة. في المادية ؛ Bitcoin هو 13000 جهاز كمبيوتر يعمل ببروتوكولات وخوارزميات مختلفة. من حيث المفهوم ، Bitcoin هي وسيلة عالمية للمعاملات السهلة والآمنة. قوة ديمقراطية ، ووسيلة للتمويل الشفاف والمجهول. في الجسر بين المادية والمفاهيمية ، Bitcoin هي عملة مشفرة. وسيلة ومخزن للقيمة موجود عبر الإنترنت فقط ، دون أي شكل مادي. كل هذا ، مع ذلك ، يشبه طرح سؤال "ما هو المال؟" والرد على "قطع من الورق". من شبه المؤكد أن الشخص الذي ليس على دراية بالبيتكوين والذي يقرأ الفقرة أعلاه سيخرج بأسئلة أكثر من الإجابات. لهذا السبب ، فإن مسألة "ما هو Bitcoin؟" هي ، في جوهرها ، مسألة هذا الكتاب ، ومن خلال تحليل كل جزء ، نأمل أن تصل إلى فهم الكل.

من بدأ البيتكوين؟

ساتوشي ناكاموتو هو الفرد ، أو ربما مجموعة الأفراد ، الذين أنشأوا البيتكوين. لا يعرف الكثير عن هذا الرقم الغامض ، وقد أدى عدم الكشف عن هويته إلى ظهور عدد لا يحصى من نظريات المؤامرة. في حين أن ناكاموتو قد أدرج نفسه على أنه رجل يبلغ من العمر 45 عاما من اليابان على موقع رسمي لمؤسسات نظير إلى نظير ، إلا أنه يستخدم التعابير البريطانية في رسائل البريد الإلكتروني الخاصة به. بالإضافة إلى ذلك ، تتوافق الطوابع الزمنية لعمله بشكل أفضل مع شخص مقيم في الولايات المتحدة أو المملكة المتحدة. يعتقد معظمهم أن اختفاءه كان مخططا له (ربط الكثيرون عمله بالمراجع التوراتية) ويعتقد آخرون أن منظمة حكومية ، مثل وكالة المخابرات المركزية ، كانت مرتبطة باختفائه. هذه ليست أكثر من نظريات هامشية. ومع ذلك ، فإن ما تبقى حقيقة هو أن منشئ Bitcoin يمتلك حاليا ثروة تزيد قيمتها عن 70 مليار دولار (أي ما يعادل 1.1 مليون بيتكوين) وإذا ارتفعت عملة البيتكوين بضع مئات بالمائة أخرى ، فإن هذا الملياردير المجهول ، والد العملة المشفرة ، سيكون أغنى شخص في العالم.

[1]

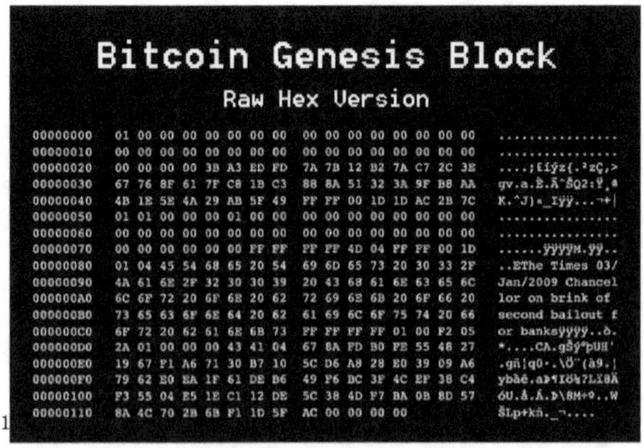

[1] مايك G001 / CC BY-SA 4.0

قد لا تكون النصائح والاستراتيجيات الموجودة في الداخل مناسبة لكل موقف. يباع هذا العمل على أساس أنه لا المؤلف ولا الناشرون مسؤولون عن النتائج المتراكمة من المشورة الواردة في هذا الكتاب. يهدف هذا العمل إلى تثقيف القراء حول Bitcoin ولا يهدف إلى تقديم المشورة الاستثمارية. جميع الصور هي الملكية الأصلية للمؤلف ، وخالية من حقوق الطبع والنشر كما هو مذكور من قبل مصادر الصور ، أو تستخدم بموافقة أصحاب الممتلكات.

audepublishing.com

حقوق الطبع والنشر © 2024 Aude للنشر ذ م م

كل الحقوق محفوظة.

لا يجوز إعادة إنتاج أي جزء من هذا المنشور أو توزيعه أو نقله بأي شكل أو بأي وسيلة ، بما في ذلك النسخ أو التسجيل أو الطرق الإلكترونية أو الميكانيكية الأخرى ، دون إذن كتابي مسبق من الناشرين ، إلا في حالة الاقتباسات الموجزة المضمنة في المراجعات وبعض الاستخدامات غير التجارية الأخرى التي يسمح بها قانون حقوق النشر.

الطبعة الأولى ذات الغلاف الورقي سبتمبر 2021.

طباعة رقم ISBN 9798486794483

مقدمة

Bitcoin: Answer هي محاولة لفك تشابك شبكة المعلومات المجزأة حول Bitcoin التي يتلقاها عامة الناس. بغض النظر عن المواقف الشخصية تجاه العملات المشفرة والبيتكوين (معظمها ، بالنسبة لأولئك الذين لم تتم دراستهم ، إما مفرطون في التفاؤل أو مفرطون في السخرية) ، فإن وصول العملة المشفرة ينمو بهذا المعدل ، ويتم تثبيته في النظام البيئي المالي بهذا المعدل ، بحيث لا يكون فهم تاريخ خط الأساس ومفاهيمه وجدواه للبيتكوين أكثر ضررا من لا. نأمل أن تجد هذه المعلومات رائعة للغاية. كانت Bitcoin هي الأولى من طريقة جديدة تماما للتفكير في المال وقيمة المعاملات. في النهاية ، سوف تفهم نطاق Bitcoin والعملات الرقمية و blockchain. العديد من هذه الأنظمة ، كما تجدر الإشارة ، قابلة للمقارنة فقط في أكثر الحواس مرونة ، وحالات الاستخدام المحتملة والقابلة للتطبيق لهذه التكنولوجيا مذهلة للغاية ، خاصة بالنظر إلى أن النظام البيئي للعملة الورقية قد تغير قليلا منذ إزالة العملات من معيار الذهب قبل نصف قرن. إن التفكير في جميع العملات المشفرة على أنها بيتكوين وبيتكوين كفقاعة هامشية هو ببساطة خطأ. نعم ، Bitcoin أبعد ما يكون عن الكمال ، ولكن هناك ما هو أكثر من ذلك بكثير لما هو ، في الأساس ، رقمنة ولامركزية القيمة. يتناول هذا الكتاب كل هذه المفاهيم وأكثر من خلال تنسيق بسيط قائم على الأسئلة ، بدءا من "ما هو Bitcoin؟" لا تتردد في القشط حسب معرفتك ، أو قراءة الغلاف إلى الغلاف ؛ في كلتا الحالتين ، أملي وأمل فريقي هو أن تترك هذا الكتاب بفهم للبيتكوين من وجهة نظر عاطفية وتقنية وتاريخية ومفاهيمية ، وكذلك إلى جانب الاهتمام المستمر والرغبة في معرفة المزيد. يمكن العثور على مزيد من الموارد في الجزء الخلفي من الكتاب.

الآن ، فصاعدا نجتاز ، في السعي النبيل للمعرفة.

استمتع بالكتاب.

تمثل الصورة المرئية أعلاه كتلة التكوين (بمعنى "الأول") من Bitcoin. قام مؤسس (مؤسسي) بيتكوين، ساتوشي ناكاموتو، بإدخال رسالة في الكود تنص على ما يلي: "The Times 03 / Jan/2009 Chancellor على وشك الإنقاذ الثاني للبنوك".

من يملك البيتكوين؟

فكرة أن Bitcoin "مملوكة" صحيحة فقط بالمعنى الأكثر توزيعا. يمتلك حوالي 20 مليون شخص بشكل جماعي جميع عملات البيتكوين في العالم ، لكن البيتكوين نفسها ، كشبكة ، لا يمكن امتلاكها.[2]

---

[2] من الناحية الفنية ، يمتلك 20.5 مليون شخص حول العالم ما لا يقل عن 1 دولار في البيتكوين.

ما هو تاريخ البيتكوين؟

هذا تاريخ موجز للعملات المشفرة و blockchain و Bitcoin.

- في عام 1991 ، تم تصور سلسلة من الكتل المؤمنة بشكل مشفر لأول مرة.

- بعد ما يقرب من عقد من الزمان ، في عام 2000 ، نشر Stegan Knost نظريته حول سلاسل التشفير المضمونة ، بالإضافة إلى أفكار للتنفيذ العملي.

- بعد 8 سنوات من ذلك ، أصدر ساتوشي ناكاموتو ورقة بيضاء (الورقة البيضاء هي تقرير ودليل شامل) أنشأت نموذجا ل blockchain ، وفي عام 2009 نفذ ناكاموتو أول blockchain ، والذي تم استخدامه كدفتر الأستاذ العام للمعاملات التي تتم باستخدام العملة المشفرة التي طورها ، والتي تسمى Bitcoin.

- أخيرا ، في عام 2014 ، تم تطوير حالات الاستخدام (حالات الاستخدام هي حالات محددة يمكن فيها استخدام منتج أو خدمة) لشبكات blockchain و blockchain خارج العملة المشفرة ، وبالتالي فتح إمكانيات Bitcoin للعالم الأوسع.

كم عدد عملات البيتكوين الموجودة؟

يبلغ الحد الأقصى للعرض من Bitcoin 21 مليون قطعة نقدية. اعتبارا من عام 2021 ، هناك 18.7 مليون بيتكوين متداولة ، مما يعني أنه لم يتبق سوى 2.3 مليون ليتم تداولها. من هذا العدد ، تتم إضافة 900 بيتكوين جديدة إلى العرض المتداول كل يوم من خلال مكافآت التعدين.[3] مكافآت التعدين هي المكافآت الممنوحة لأجهزة الكمبيوتر التي تحل المعادلات المعقدة من أجل معالجة معاملات Bitcoin والتحقق منها. يطلق على الأشخاص الذين يديرون أجهزة الكمبيوتر هذه اسم "عمال المناجم". يمكن لأي شخص بدء تعدين البيتكوين. حتى الكمبيوتر الأساسي يمكن أن يصبح عقدة ، وهو جهاز كمبيوتر في الشبكة ، ويبدأ التعدين.

3 "كم عدد عملات البيتكوين الموجودة؟ كم بقي لي؟ (2021)." https://www.buybitcoinworldwide.com/how-many-bitcoins-are-there/.

كيف تعمل البيتكوين؟

تعمل Bitcoin ، وجميع العملات المشفرة عمليا ، من خلال تقنية Blockchain.

يمكن اعتبار Blockchain ، في أبسط أشكالها ، على أنها تخزين البيانات في سلاسل حرفية من الكتل. دعنا نتعرف على كيفية لعب الكتل والسلاسل بالضبط.

- ستقوم كل كتلة بتخزين المعلومات الرقمية ، مثل الوقت والتاريخ والمبلغ وما إلى ذلك من المعاملات.
- ستعرف الكتلة الأطراف التي شاركت في المعاملة باستخدام "المفتاح الرقمي" الخاص بك ، وهو عبارة عن سلسلة من الأرقام والحروف التي تتلقاها عند فتح محفظة ، والتي تحتوي على عملاتك المشفرة.
- ومع ذلك ، لا يمكن أن تعمل الكتل من تلقاء نفسها. تحتاج الكتل إلى التحقق من أجهزة الكمبيوتر الأخرى ، والمعروفة أيضا باسم "العقد" في الشبكة.
- ستقوم العقد الأخرى بالتحقق من صحة معلومات كتلة واحدة. بمجرد التحقق من صحة البيانات ، وإذا كان كل شيء يبدو جيدا ، تخزين الكتلة والبيانات التي تحملها في دفتر الأستاذ العام.
- دفتر الأستاذ العام هو قاعدة بيانات تسجل كل معاملة تمت الموافقة عليها على الشبكة. معظم العملات المشفرة ، بما في ذلك Bitcoin ، لها دفتر الأستاذ العام الخاص بها.
- ترتبط كل كتلة في دفتر الأستاذ بالكتلة التي جاءت قبلها والكتلة التي جاءت بعدها. ومن ثم ، فإن الروابط التي تشكلها الكتل تخلق نمطا يشبه السلسلة. ومن ثم ، يتم تشكيل blockchain.

ملخص: تمثل **الكتلة** المعلومات الرقمية ، وتمثل **السلسلة** كيفية تخزين هذه البيانات في قاعدة البيانات.

لذلك ، لتلخيص تعريفنا السابق ، فإن blockchain هو نوع جديد من قواعد البيانات.

يوجد أدناه تحليل مرئي لكل كتلة في الشبكة.

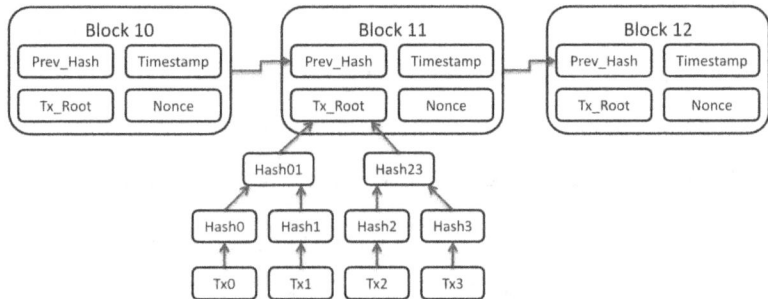

[4]

[4] ماتيوس واندر / CC BY-SA 3.0

ما هي عناوين البيتكوين؟

العنوان ، المعروف أيضا باسم المفتاح العام ، هو مجموعة فريدة من الأرقام والحروف التي تعمل كرمز تعريف ، يمكن مقارنتها برقم حساب مصرفي أو عنوان بريد إلكتروني (على سبيل المثال: 1BvBESEystWetqTFn3Au6u4FGg7xJaAQN5). مع ذلك ، يمكنك إجراء المعاملات على blockchain. عناوين الاتصال إلى قاعدة blockchain. على سبيل المثال ، يقع عنوان Bitcoin على شبكة Bitcoin و blockchain. تحتوي العناوين على "شعارات" مستديرة وملونة تسمى معرفات العناوين (أو ببساطة "الرموز"). تتيح لك هذه الرموز معرفة ما إذا كنت قد أدخلت عنوانا صحيحا أم لا. في كل مرة ترسل أو تستقبل فيها عملة مشفرة ، ستستخدم عنوانا مرتبطا. ومع ذلك ، لا يمكن للعناوين تخزين الأصول. إنها مجرد معرفات تشير إلى المحافظ.

Bitcoin Address

1DpQP4yKSGWXWrXNkm1YNYBTqEweuQcyYg

SHARE

Private Key

L4NhQX1DFJpFAJJYAHKkpukerqxtjF1XhvR5J2PQcnDparA2vD9M

SECRET

bitaddress.org

ما هي عقدة البيتكوين؟

العقدة هي جهاز كمبيوتر متصل بشبكة blockchain ، مما يساعد blockchain في كتابة الكتل والتحقق من صحتها. تقوم بعض العقد بتنزيل تاريخ كامل من blockchain الخاص بهم. وتسمى هذه العقد الرئيسية وتؤدي مهام أكثر من العقد العادية. بالإضافة إلى ذلك ، لا ترتبط العقد بأي حال من الأحوال بشبكة معينة ؛ يمكن للعقد التبديل إلى سلاسل كتل مختلفة عمليا حسب الرغبة ، كما هو الحال مع التعدين متعدد التجمعات. بشكل جماعي ، يتم تمكين الطبيعة الموزعة بالكامل للبيتكوين والعملات المشفرة ، بالإضافة إلى العديد من ميزات blockchain والأمان الأساسية ، من خلال مفهوم واستخدام نظام عالمي قائم على العقدة.

ما هو الدعم والمقاومة للبيتكوين؟

هنا، نتعمق في التحليل الفني وتداول البيتكوين: الدعم هو سعر العملة أو الرمز المميز الذي يقل احتمال سقوط هذا الأصل عنده لأن الكثير من الناس على استعداد لشراء الأصل بهذا السعر. في كثير من الأحيان، إذا وصلت العملة إلى مستويات الدعم، فسوف تنعكس إلى اتجاه صعودي. عادة ما يكون هذا هو الوقت المناسب لشراء العملة، على الرغم من أنه إذا انخفض السعر إلى ما دون مستوى الدعم، فمن المحتمل أن تنخفض العملة إلى مستوى دعم آخر. المقاومة، من ناحية أخرى، هي سعر يجد الأصل صعوبة في اختراقه لأن الكثير من الناس يجدون أنه سعر جيد للبيع به. في بعض الأحيان، يمكن أن تكون مستويات المقاومة فسيولوجية. على سبيل المثال، قد تصل عملة البيتكوين إلى مستوى المقاومة عند 50000 دولار، حيث كان الكثير من الناس يفكرون "عندما تصل عملة البيتكوين إلى 50000 دولار، سأبيعها". في كثير من الأحيان، عندما يتم اختراق مستوى المقاومة، يمكن أن يرتفع السعر بسرعة. على سبيل المثال، إذا تجاوزت عملة البيتكوين 50000 دولار، فقد يرتفع السعر بسرعة إلى 55000 دولار، وفي ذلك الوقت قد يواجه المزيد من المقاومة، وقد يصبح 50000 دولار مستوى الدعم الجديد.

[6]

كيف تقرأ مخطط البيتكوين؟

هذا سؤال كبير. للإجابة ، سيهدف القسم التالي إلى تفصيل الأنواع الأكثر شيوعا من الرسوم البيانية المستخدمة لقراءة Bitcoin والعملات المشفرة الأخرى بالإضافة إلى كيفية قراءة هذه الرسوم البيانية.

.تشكل الرسوم البيانية الأساس الذي يمكن من خلاله فحص الأسعار والعثور على الأنماط الرسوم البيانية ، على مستوى واحد ، بسيطة ، وعلى مستوى آخر ، عميقة ومعقدة .سنبدأ .بالأساسيات .أنواع مختلفة من الرسوم البيانية واستخداماتها المختلفة

[6] استنادا إلى صورة CC BY-SA 4.0 بواسطة Akash98887
File:Support_and_resistance.png

مخطط خطي

المخطط الخطي هو مخطط يمثل السعر من خلال سطر واحد. معظم المخططات عبارة عن مخططات خطية لأنها سهلة الفهم للغاية ، على الرغم من أنها تحتوي على معلومات أقل من البدائل الشائعة. لدى Robinhood و Coinbase (وكلاهما يستهدف خدماتهما للمستثمرين الأقل خبرة) مخططات خطية كنوع مخطط افتراضي ، بينما تستخدم المؤسسات التي تستهدف جمهورا أكثر خبرة ، مثل Charles Schwab و Binance ، نماذج مخططات أخرى كإعداد افتراضي.

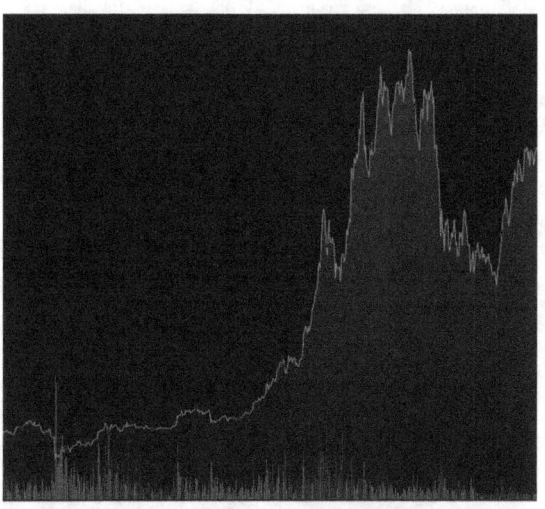

مخطط خطي (tradingview.com)

مخطط الشموع اليابانية

مخططات الشموع اليابانية هي شكل أكثر فائدة لعرض المعلومات حول عملة معدنية. هذه الرسوم البيانية هي الرسم البياني المفضل لمعظم المستثمرين. خلال فترة معينة ، تحتوي مخططات الشموع اليابانية على "جسم حقيقي" واسع وغالبا ما يتم تمثيلها باللون الأحمر أو الأخضر (نظام ألوان شائع آخر هو أجسام حقيقية فارغة / بيضاء ومملوءة / سوداء). إذا كان أحمر (مملوء) ، كان الإغلاق أقل من الفتح (بمعنى أنه انخفض). إذا كان الجسم الحقيقي أخضر (فارغ) ، كان الإغلاق أعلى من الفتح (بمعنى أنه ارتفع). فوق وتحت الأجسام الحقيقية توجد "الفتائل" المعروفة أيضا باسم "الظلال". تظهر الفتائل الأسعار المرتفعة والمنخفضة لتداول الفترة. لذلك ، بدمج ما نعرفه ، إذا كان الفتيل العلوي (المعروف أيضا باسم الظل العلوي) قريبا من الجسم الحقيقي ، فكلما ارتفعت العملة أو الرمز المميز الذي تم الوصول إليه خلال اليوم بالقرب من سعر الإغلاق. ومن ثم ، فإن العكس ينطبق أيضا. ستحتاج إلى فهم قوي لمخططات الشموع اليابانية ، لذلك أقترح عليك زيارة موقع مثل tradingview.com للحصول على الراحة.

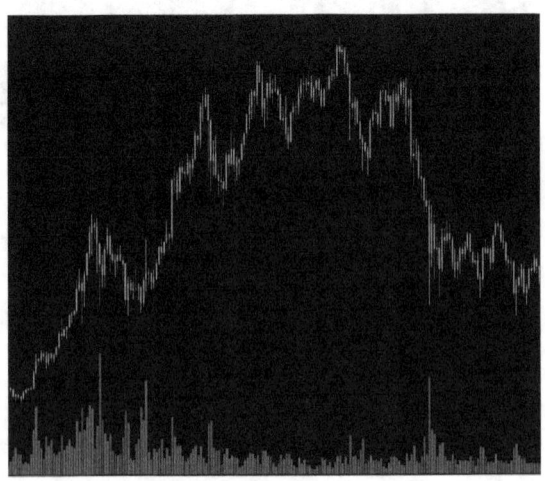

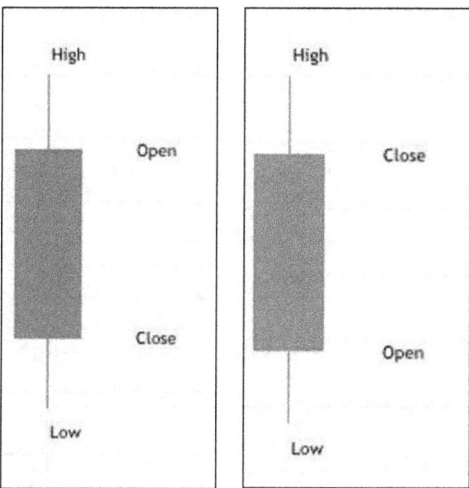

t*(tradingview.com)* Figure 11: Bearish Candle[xi]

مخطط رينكو

تظهر مخططات رينكو حركة السعر فقط وتتجاهل الوقت والحجم. يأتي رينكو من المصطلح الياباني "renga" ، والذي يعني "الطوب". تستخدم مخططات رينكو الطوب (المعروف أيضا باسم الصناديق) ، وعادة ما يكون أحمر / أخضر أو أبيض / أسود. تتشكل مربعات رينكو فقط في الزاوية اليمنى العلوية أو السفلية من مربع المتابعة ، ولا يمكن أن يتشكل المربع التالي إلا إذا تجاوز السعر أعلى أو أسفل المربع السابق. على سبيل المثال ، إذا كان المبلغ المحدد مسبقا هو "1 دولار" (فكر في هذا على أنه مشابه للفترات الزمنية على مخططات الشموع) ، فلا يمكن أن يتشكل المربع التالي إلا بمجرد أن يمر إما 1 دولار أعلى أو 1 دولار أقل من سعر المربع السابق. تعمل هذه الرسوم البيانية على تبسيط الاتجاهات و "تخفيفها" إلى أنماط سهلة الفهم مع إزالة حركة السعر العشوائية. هذا يمكن أن يجعل إجراء التحليل الفني أسهل لأن الأنماط مثل مستويات الدعم والمقاومة يتم عرضها بشكل صارخ.

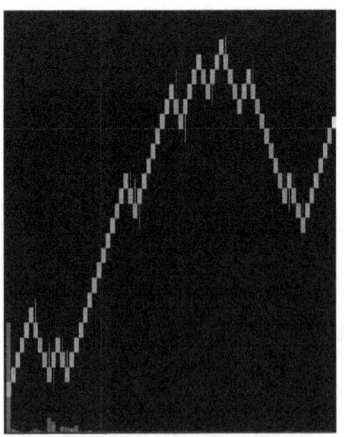

مخطط النقاط والشكل

في حين أن مخططات النقاط والأشكال (P &F) ليست معروفة مثل المخططات الأخرى في هذه القائمة ، إلا أنها تتمتع بتاريخ طويل وسمعة باعتبارها واحدة من أبسط المخططات المستخدمة لتحديد نقاط الدخول والخروج الجيدة. مثل مخططات رينكو ، لا تأخذ مخططات P &F في الاعتبار بشكل مباشر مرور الوقت. بدلا من ذلك ، يتم تكديس Xs و Os في أعمدة. يمثل كل حرف حركة سعر مختارة (تماما مثل الكتل في مخططات رينكو). تمثل Xs سعرا صاعدا ، ويمثل نظام التشغيل سعرا هابطا. انظر إلى هذا التسلسل:

X

س س س

س س

X

لنفترض أن حركة السعر المختارة هي 10 دولارات. يجب أن نبدأ من أسفل اليسار: تشير 3 Xs إلى أن السعر ارتفع 30 دولارا، ويشير نظام التشغيل 2 إلى انخفاض قدره 20 دولارا، ثم يمثل الاثنان الأخيران ارتفاعا بمقدار 20 دولارا. الوقت غير ذي صلة.

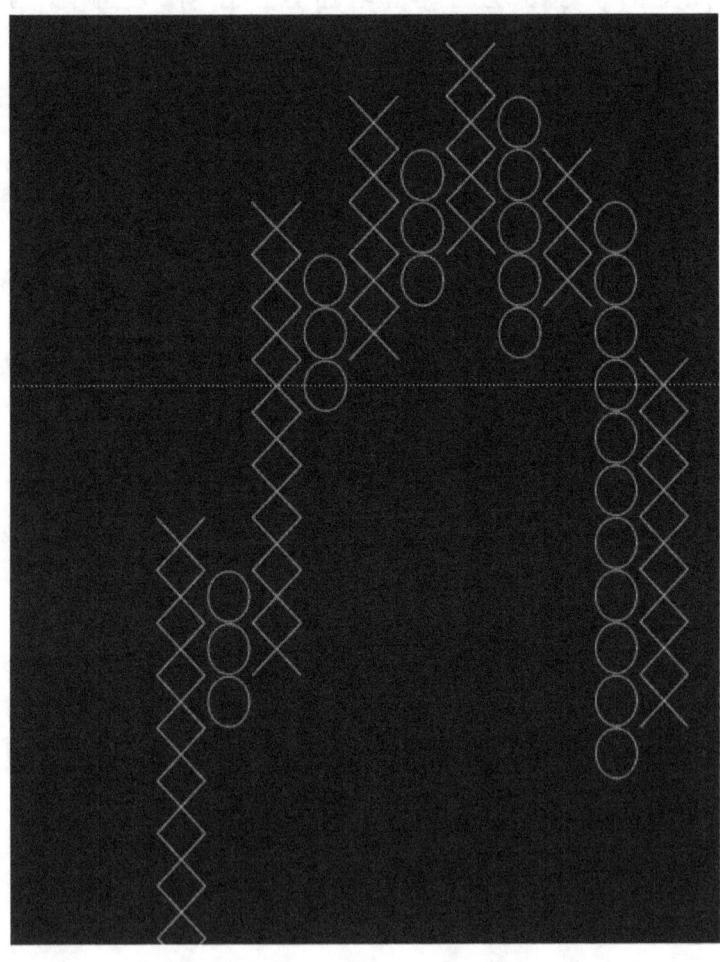

مخطط هايكن آشي

مخططات (Heikin-Ashi (hik-in-aw-she هي نسخة أبسط وسلسة من مخططات الشموع. إنها تعمل بنفس الطريقة تقريبا مثل مخططات الشموع اليابانية (الشموع ، الفتائل ، الظلال ، إلخ) ، باستثناء مخططات HA التي تعمل على سلاسة بيانات الأسعار على فترتين بدلا من فترة واحدة. هذا ، بشكل أساسي ، يجعل Heikin-Ashi مفضلا للعديد من المتداولين مقابل مخططات الشموع اليابانية لأنه يمكن اكتشاف الأنماط والاتجاهات بسهولة أكبر ، ويتم حذف الإشارات الخاطئة (التحركات الصغيرة التي لا معنى لها) ، إلى حد كبير. ومع ذلك ، فإن المظهر الأبسط يحجب بعض البيانات المتعلقة بالشموع ، وهذا جزئيا هو السبب في أن Heikin-Ashis لم يستبدل الشموع بعد. لذا ، أقترح عليك تجربة كلا النوعين من المخططات ومعرفة ما يناسب أسلوبك وقدرتك على تمييز الاتجاهات.

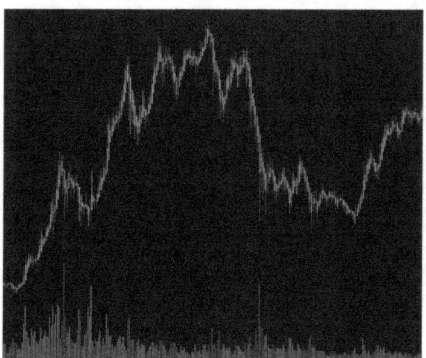

ج: لاحظ أن الاتجاهات على مخطط Heikin-Ashi أكثر سلاسة وأكثر وضوحا من مخطط الشموع.

موارد الرسم البياني

تصنيفات نمط الرسم البياني

يتم تصنيف أنماط الرسم البياني لفهم الدور والغرض بسرعة. فيما يلي بعض هذه التصنيفات:

الصعودي

من المحتمل أن تؤدي جميع الأنماط الصعودية إلى أن تكون النتيجة مواتية للاتجاه الصعودي ، لذلك ، على سبيل المثال ، قد يؤدي النمط الصعودي إلى اتجاه صعودي بنسبة 10٪.

الهبوطي

من المحتمل أن تؤدي جميع الأنماط الهبوطية إلى أن تكون النتيجة مواتية للاتجاه الهبوطي ، لذلك ، على سبيل المثال ، قد يؤدي النمط الهبوطي إلى اتجاه هبوطي بنسبة 10٪.

قنديل

تنطبق أنماط الشموع اليابانية بشكل خاص على مخططات الشموع اليابانية ، وليس على جميع الرسوم البيانية. وذلك لأن أنماط الشموع تعتمد على المعلومات التي لا يمكن أن تظهر إلا في شكل شمعة (الجسم والفتيل).

عدد القضبان / الشموع

عادة لا يزيد عدد القضبان أو الشموع في النمط عن ثلاثة.

استمرار

تشير أنماط الاستمرار إلى أن الاتجاه السابق للنمط من المرجح أن يستمر. لذلك ، على سبيل المثال ، إذا تشكل نمط الاستمرار X في الجزء العلوي من الاتجاه الصعودي ، فمن المرجح أن يستمر الاتجاه الصعودي.

اندلاع

الاختراق هو حركة فوق المقاومة أو أسفل الدعم. تشير أنماط الاختراق إلى أن مثل هذه الخطوة محتملة. اتجاه هذا الاختراق خاص بالنمط.

عكس

الانعكاس هو تغيير في اتجاه السعر. يشير نمط الانعكاس إلى أنه من المحتمل أن يتغير اتجاه السعر (لذلك ، سيصبح الاتجاه الصعودي اتجاها هبوطيا ، وسيصبح الاتجاه الهبوطي اتجاها صعوديا).

ما نوع محافظ البيتكوين الموجودة؟

توجد عدة فئات متميزة من المحافظ وتختلف في الأمان وسهولة الاستخدام وإمكانية الوصول:

1. *محفظة ورقية*. تحدد المحفظة الورقية تخزين المعلومات الخاصة (المفاتيح العامة والمفاتيح الخاصة والعبارات الأولية) على الورق ، كما يوحي الاسم. يعمل هذا لأن أي زوج مفاتيح عام وخاصة يمكن أن يشكل محفظة. ليست هناك حاجة إلى واجهة عبر الإنترنت. يعتبر التخزين المادي للمعلومات الرقمية أكثر أمانا من أي شكل من أشكال التخزين عبر الإنترنت ، وذلك ببساطة لأن الأمن عبر الإنترنت يواجه مجموعة من التهديدات الأمنية المحتملة ، في حين أن الأصول المادية تواجه تهديدات قليلة بالتطفل إذا تمت إدارتها بشكل صحيح. لإنشاء محفظة بيتكوين ورقية، يمكن لأي شخص زيارة bitaddress.org لإنشاء عنوان عام ومفتاح خاص، ثم طباعة المعلومات. يمكن استخدام رموز QR وسلاسل المفاتيح لتسهيل المعاملات. ومع ذلك ، نظرا للتحديات التي تواجه حاملي المحافظ الورقية (تلف المياه ، والخسارة العرضية ، والغموض) بالنسبة للخيارات فائقة الأمان عبر الإنترنت ، لم يعد يوصى باستخدام المحافظ الورقية في إدارة مقتنيات كبيرة من العملات المشفرة.

2. *المحفظة الساخنة / المحفظة الباردة*. تشير المحفظة الساخنة إلى محفظة متصلة بالإنترنت ؛ على العكس ، التخزين البارد ، يشير إلى محفظة غير متصلة بالإنترنت. تسمح المحافظ الساخنة لمالك الحساب بإرسال واستقبال الرموز ؛ ومع ذلك ، فإن التخزين البارد أكثر أمانا من التخزين الساخن ويوفر

العديد من مزايا المحافظ الورقية دون الكثير من المخاطر. تسمح معظم البورصات للمستخدمين بنقل المقتنيات من المحافظ الساخنة (وهو الافتراضي) إلى المحافظ الباردة بضغطة على بضعة أزرار (يشير Coinbase إلى التخزين البارد / غير المتصل باسم "قبو"). يتطلب سحب المقتنيات من التخزين البارد بضعة أيام ، والتي تعود إلى إمكانية الوصول مقابل ديناميكية الأمان للتخزين الساخن والتخزين البارد. إذا كنت مهتما بالاحتفاظ بأصل تشفير على المدى الطويل ، فإن التخزين البارد داخل البورصة الخاصة بك هو السبيل للذهاب. إذا كنت تخطط للتداول بنشاط أو الانخراط في تداول المقتنيات ، فإن التخزين البارد ليس خيارا ممكنا.

3. *محفظة الأجهزة*. محافظ الأجهزة هي أجهزة مادية آمنة تخزن مفتاحك الخاص. يسمح هذا الخيار بدرجة معينة من إمكانية الوصول عبر الإنترنت (نظرا لأن محافظ الأجهزة تجعل من السهل جدا الوصول إلى المقتنيات) ليتم دمجها مع وسيلة تخزين غير متصلة بالإنترنت وبالتالي فهي أكثر أمانا. تقدم بعض محافظ الأجهزة الشائعة ، مثل Ledger (ledger.com) تطبيقات تعمل في انسجام تام مع محافظ الأجهزة دون المساس بالأمان. بشكل عام ، تعد محافظ الأجهزة خيارا رائعا لأصحابها الجادين وعلى المدى الطويل ، على الرغم من أنه يجب مراعاة الأمان المادي ؛ من الأفضل تخزين هذه المحافظ ، وكذلك المحافظ الورقية ، في البنوك أو حلول التخزين المتطورة.

هل تعدين البيتكوين مربح؟

بالتأكيد يمكن أن يكون. يختلف متوسط العائد السنوي على الاستثمار لإيجارات عمال مناجم البيتكوين من أرقام فردية عالية إلى أرقام مزدوجة منخفضة ، بينما يختلف عائد الاستثمار لتعدين البيتكوين المدار ذاتيا عبر الأرقام المزدوجة (لوضع رقم عليه ، يمكن توقع 20٪ إلى 150٪ سنويا ، في حين أن 40٪ إلى 80٪ أمر طبيعي). في كلتا الحالتين ، يتفوق هذا العائد على سوق الأسهم التاريخي وعوائد العقارات بنسبة 10٪. ومع ذلك ، فإن تعدين البيتكوين متقلب ومكلف ، وتؤثر مجموعة من العوامل على عوائد كل فرد. في السؤال التالي ، سندرس عوامل ربحية تعدين البيتكوين ، والتي توفر رؤية أفضل بكثير للعوائد المقدرة ، وكذلك لماذا تؤدي بعض الأشهر وعمال المناجم أداء جيدا بشكل استثنائي ، والبعض الآخر لا يفعل ذلك.

ما الذي يؤثر على ربحية تعدين البيتكوين؟

المتغيرات التالية ضرورية لتحديد الربحية المحتملة لتعدين البيتكوين:

سعر العملة المشفرة. العامل المؤثر الرئيسي هو سعر أصل العملة المشفرة المحدد. يؤدي ارتفاع سعر البيتكوين بمقدار 2x إلى ضعف ربح التعدين (لأن مبلغ البيتكوين الذي يتم ربحه يظل كما هو ، بينما تتغير القيمة المكافئة) ، بينما يؤدي انخفاض بنسبة 50٪ إلى نصف الأرباح. نظرا للطبيعة المتقلبة للعملات المشفرة وخاصة عملة البيتكوين ، يجب مراعاة السعر. بشكل عام ، ومع ذلك ، إذا كنت تؤمن بعملة البيتكوين والعملات المشفرة على المدى الطويل ، فلا ينبغي أن تؤثر تغيرات الأسعار عليك لأن تركيزك سيكون على بناء حقوق ملكية طويلة الأجل ، والتي لا يمكن أن تتغير إلا وفقا لعوامل أخرى في هذه القائمة.

معدل التجزئة والصعوبة. HashRate هي السرعة التي يتم بها حل المعادلات والعثور على الكتل. معدل التجزئة لعمال المناجم يعادل تقريبا الأرباح ، والمزيد من عمال المناجم الذين يدخلون النظام (وبالتالي زيادة معدل تجزئة الشبكة و "صعوبة" التعدين ذات الصلة وهو مقياس يصف مدى صعوبة تعدين الكتل) يخفف من حصة التجزئة لكل عامل منجم وبالتالي الربحية. بهذه الطريقة ، تؤدي المنافسة إلى انخفاض الربح من خلال الصعوبة ومعدل التجزئة.

سعر الكهرباء. عندما تصبح عملية التعدين أكثر صعوبة ، تزداد متطلبات الكهرباء أيضا. يمكن أن يصبح سعر الكهرباء لاعبا رئيسيا في الربحية.

خفض. كل 4 سنوات ، تتم برمجة مكافآت الكتلة إلى نصف Bitcoin لتقليل التدفق وإجمالي المعروض من العملات المعدنية بشكل تدريجي. حاليا (منذ 13 مايو 2020 وتستمر حتى عام 2024) ، تبلغ مكافآت عمال المناجم 6.25 بيتكوين لكل كتلة. ومع ذلك ، في عام 2024 ، ستنخفض مكافآت الكتلة إلى 3.125 بيتكوين لكل كتلة ، وهكذا. بهذه الطريقة ، يجب أن تنخفض مكافآت التعدين طويلة الأجل ما لم ترتفع قيمة كل عملة في القيمة بقدر أو أكثر من الانخفاض في مكافآت الكتلة.

تكلفة الأجهزة. بالطبع ، يلعب السعر الفعلي للأجهزة اللازمة لتعدين Bitcoin دورا كبيرا في الربح وعائد الاستثمار. يمكن إعداد التعدين بسهولة على أجهزة الكمبيوتر العادية (إذا كان لديك واحد ، تحقق من nicehash.com) ؛ ومع ذلك ، فإن إعداد منصات كاملة ينطوي على تكلفة اللوحات الأم ووحدات المعالجة المركزية وبطاقات الرسومات ووحدات معالجة الرسومات وذاكرة الوصول العشوائي و ASICs والمزيد. الطريقة السهلة للخروج هي ببساطة شراء منصات مسبقة الصنع ، ولكن هذا ينطوي على دفع علاوة. صنع الخاصة بك يوفر المال ، ولكنه يتطلب أيضا معرفة تقنية ؛ بشكل عام ، تكلف خيارات افعلها بنفسك 3,000 دولار على الأقل ، ولكنها بشكل عام أقرب إلى 10,000 دولار. يجب مراعاة كل عوامل الأجهزة هذه لإجراء تقدير لائق للعائد المحتمل في البيئة المتغيرة بسرعة لتعدين البيتكوين والعملات المشفرة.

لاختتام هذا السؤال ، فإن المتغيرات التي تؤثر على ربحية التعدين عديدة وتخضع للتغيير السريع ، والأرباح المحتملة منحازة نحو المزارع الكبيرة التي يمكنها الوصول إلى الكهرباء الرخيصة. ومع ذلك ، فإن تعدين العملات المشفرة لا يزال بالتأكيد مربحا للغاية ، وكانت العوائد (باستثناء احتمال حدوث انهيار على مستوى السوق) ومن المحتمل أن تظل ، لفترة طويلة ، أعلى بكثير من عوائد سوق الأسهم المتوقعة أو العوائد العادية في معظم فئات الأصول الأخرى.

هل هناك عملات بيتكوين حقيقية ومادية؟

لا يوجد، ومن المحتمل ألا يكون أبدا، بيتكوين مادي. يطلق عليه "العملة الرقمية" لسبب ما. ومع ذلك ، ستزداد إمكانية الوصول إلى Bitcoin بمرور الوقت من خلال التبادلات الأفضل وأجهزة الصراف الآلي للبيتكوين وبطاقات الخصم والائتمان Bitcoin وغيرها من الخدمات. نأمل أن تكون Bitcoin والعملات المشفرة الأخرى سهلة الاستخدام يوما ما مثل العملات المادية.

هل البيتكوين خالي من الاحتكاك؟

السوق الخالية من الاحتكاك هي بيئة تداول مثالية لا توجد فيها تكاليف أو قيود على المعاملات. سوق البيتكوين (الذي يتكون من أزواج) ، بينما في طريقه إلى الاحتكاك (خاصة فيما يتعلق بتحويل الأموال العالمي) ، ليس قريبا من التواجد حقا.

HTTPS://LibertyTreeCS.New YorkPet.org/2016/03/Is-Bitcoin-/Really-Frictionless

هل تستخدم Bitcoin عبارات ذاكري؟

عبارة ذاكري هي مصطلح مكافئ لعبارة البذور. كلاهما يمثل تسلسلات من 12 إلى 24 كلمة تحدد وتمثل المحافظ. فكر في الأمر على أنه كلمة مرور احتياطية. مع ذلك ، لا يمكنك أبدا أن تفقد الوصول إلى حسابك. على الجانب الآخر ، إذا نسيتها ، فلا توجد طريقة لإعادة تعيينها أو استعادتها وأي شخص آخر لديه حق الوصول إلى محفظتك. جميع المحافظ التي قد تحتفظ بها Bitcoin تستخدم عبارات ذاكري ؛ يجب عليك دائما الاحتفاظ بهذه العبارات في مكان آمن وخاص ؛ على الورق هو الأفضل ، والأفضل من ذلك كله على الورق في قبو أو خزنة.

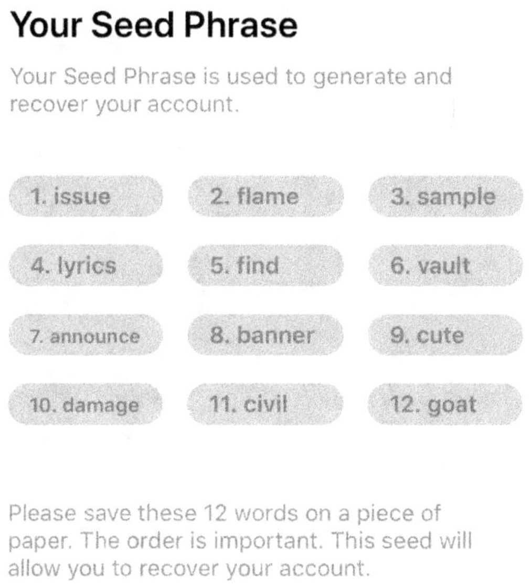

Your Seed Phrase
Your Seed Phrase is used to generate and recover your account.
1. issue
2. flame
3. sample
4. lyrics
5. find
6. vault
7. announce
8. banner
9. cute
10. damage
11. civil
12. goat
Please save these 12 words on a piece of paper. The order is important. This seed will allow you to recover your account.

[7]

[7] رخصة فليبي فلينك / CC BY-SA 4.0

هل يمكنك استعادة Bitcoin الخاص بك إذا أرسلته إلى عنوان خاطئ؟

عنوان الاسترداد هو عنوان محفظة يمكن أن يكون بمثابة نسخة احتياطية في حالة فشل المعاملة. في حالة حدوث مثل هذا الحدث ، يتم رد المبالغ المدفوعة إلى عنوان الاسترداد المحدد. إذا احتجت في أي وقت إلى تقديم عنوان استرداد ، فتأكد من صحة العنوان ويمكنه تلقي الرمز المميز الذي ترسله.

File:Creating-Atala_PRISM-crypto_wallet-seed_phrase.png

هل البيتكوين آمن؟

تعد Bitcoin ، التي تحكمها شبكة blockchain للنظام الأساسي ، واحدة من أكثر الأنظمة أمانا في العالم للأسباب التالية:

1. *بيتكوين عامة* . Bitcoin ، مثل العديد من العملات المشفرة ، لديها دفتر أستاذ عام يسجل جميع المعاملات. نظرا لأنه لا يجب تقديم معلومات خاصة لامتلاك وتداول Bitcoin وجميع معلومات المعاملات عامة على blockchain ، فإن المتسللين ليس لديهم ما يخترقونه أو يسرقونه ؛ البديل الوحيد لاختراق شبكة Bitcoin والربح منها (باستثناء نقاط الفشل البشرية ، كما هو الحال في هجمات التبادل وكلمات المرور المفقودة ؛ نحن نركز على Bitcoin نفسها) هو هجوم بنسبة 51٪ ، وهو أمر مستحيل عمليا على نطاق Bitcoin. كونك "عاما" يرتبط أيضا بكون Bitcoin بدون إذن ، لا أحد يتحكم فيها ، وبالتالي لا يمكن لأي وجهة نظر ذاتية أو فردية أن تؤثر على الشبكة بأكملها (دون موافقة أي شخص آخر في الشبكة).

2. *بيتكوين لامركزية* . تعمل Bitcoin حاليا من خلال 10000 عقدة ، وكلها تعمل مجتمعة على التحقق من صحة المعاملات.[8] نظرا لأن الشبكة بأكملها تتحقق من صحة المعاملات ، فلا توجد طريقة لتغيير المعاملات أو التحكم فيها (ما لم يتم التحكم في 51٪ من الشبكة مرة أخرى). مثل هذا الهجوم ، كما ذكر ، مستحيل عمليا. بالسعر الحالي للبيتكوين ، سيحتاج المهاجم إلى إنفاق عشرات الملايين من الدولارات يوميا والتحكم في حجم الموارد الحسابية غير المتوفرة

---

[8] "Bitnodes: توزيع عقد البيتكوين العالمية." "https://bitnodes.io". تم الوصول إليه في 30 أغسطس 2021.

ببساطة.[9] وبالتالي ، فإن الطبيعة اللامركزية للتحقق من صحة البيانات تجعل Bitcoin آمنة للغاية.

3. *بيتكوين لا رجعة فيه*. بمجرد تأكيد المعاملات في الشبكة ، لا يمكن تغييرها لأن كل كتلة (الكتلة هي مجموعة من المعاملات الجديدة) متصلة بكتل على جانبيها ، وبالتالي تشكل سلسلة مترابطة. بمجرد كتابتها ، لا يمكن تعديل الكتل. هذان العاملان ، مجتمعان ، يمنعان تغيير البيانات ويضمنان قدرا أكبر من الأمان.

4. *يستخدم Bitcoin عملية التجزئة*. التجزئة هي دالة تحول قيمة إلى أخرى ؛ تقوم التجزئة في عالم التشفير بتحويل إدخال الأحرف والأرقام (سلسلة) إلى إخراج مشفر بحجم ثابت. تساعد التجزئة في التشفير لأن "حل" كل تجزئة يتطلب العمل بشكل عكسي لحل مشكلة رياضية معقدة للغاية ؛ وبالتالي ، فإن القدرة على حل هذه المعادلات تعتمد بحتة على القوة الحسابية. للتجزئة الفوائد التالية: يتم ضغط البيانات ، ويمكن مقارنة قيم التجزئة (على عكس مقارنة البيانات في شكلها الأصلي) ، ووظائف التجزئة هي واحدة من أكثر وسائل نقل البيانات أمانا ومقاومة للاختراق (خاصة على نطاق واسع).

[9] "ستحتاج إلى 21 مليون دولار لمهاجمة بيتكوين ليوم واحد - فك تشفير". 31 يناير 2020, https://decrypt.co/18012/you-would-need-21-million-to-attack-bitcoin-for-a-day. تم الوصول إليه في 30 أغسطس 2021.

هل ستنفد البيتكوين؟

يعتمد ذلك على ما تعنيه ب "نفاد". كمية البيتكوين المضافة إلى الشبكة كل عام سوف تنفد دائما. ومع ذلك، في هذه المرحلة، ستتولى آليات التوريد المختلفة (على عكس Bitcoin كونها مكافأة التعدين) وسيستمر العمل كالمعتاد. بهذا المعنى، يجب ألا تنفد Bitcoin أبدا.

ما هو الهدف من البيتكوين؟

تأتي القيمة الأساسية للبيتكوين من التطبيقات التالية: كمخزن للقيمة ووسيلة للمعاملات الخاصة والعالمية والآمنة. هذا ، في جوهره ، هو الهدف من Bitcoin. غرض تم تنفيذه بنجاح كبير نظرا لعوائده التاريخية و 300000 معاملة يومية أو نحو ذلك.

كيف تشرح البيتكوين لطفل يبلغ من العمر 5 سنوات؟

Bitcoin هي أموال الكمبيوتر التي يمكن للناس استخدامها لشراء وبيع الأشياء أو لكسب المزيد من المال. تعمل Bitcoin بسبب blockchain. Blockchain هي أداة تسمح للعديد من الأشخاص المختلفين بتمرير المعلومات القيمة أو الأموال بأمان دون الحاجة إلى شخص آخر للقيام بذلك نيابة عنهم.

هل البيتكوين شركة؟

بيتكوين ليست شركة. إنها شبكة من أجهزة الكمبيوتر التي تعمل بالخوارزميات. ومع ذلك ، نظرا لتقدم البرامج والأجهزة بمرور الوقت ولمنع تقادم Bitcoin ، تم تنفيذ نظام تصويت في الشبكة عند الإنشاء للسماح بتحديثات الكود والخوارزميات. نظام التصويت مفتوح المصدر تماما وقائم على الإجماع ، مما يعني أن تحديثات النظام المقترحة من قبل المطورين والمتطوعين يجب أن تخضع لتدقيق صارم من الأطراف المعنية الأخرى (نظرا لأن الخطأ في التحديث سيخسر ملايين أموال الأطراف المهتمة) ، ولن يمر التحديث إلا إذا تم التوصل إلى إجماع جماعي. توظف Bitcoin Foundation (bitcoinfoundation.org) العديد من المطورين المتفرغين الذين يعملون على إنشاء خارطة طريق للبيتكوين وتطوير التحديثات. مرة أخرى ، ومع ذلك ، يمكن لأي شخص لديه شيء للمساهمة القيام بذلك ، ولا تنطبق أي شركة أو منظمة فعلية. بالإضافة إلى ذلك ، لا يتم إجبار المستخدمين على التحديث إذا تم تطبيق تغيير القاعدة ؛ قد يلتزمون بأي إصدار يريدونه. الأفكار الكامنة وراء هذا النظام رائعة للغاية. إن فكرة وجود شبكة مستقلة ومفتوحة المصدر وقائمة على الإجماع لها تطبيقات في العديد من المجالات أكثر من مجرد بيتكوين.

هل البيتكوين عملية احتيال؟

البيتكوين ، بحكم تعريفه ، ليس عملية احتيال. إنها أداة مالية أنشأها فريق من المهندسين الراسخين. إنها تساوي تريليونات ، غير قابلة للاختراق ، ولم يبع المؤسس أي مقتنيات.[10] ومع ذلك ، فإن Bitcoin قابلة للتلاعب بالتأكيد ، وهي شديدة التقلب. العديد من العملات المشفرة الأخرى في السوق ، على عكس Bitcoin ، هي عملية احتيال. لذا ، قم ببحثك ، واستثمر في العملات المعدنية الراسخة مع فرق حسنة السمعة ، واستخدم الفطرة السليمة.

---

[10] في حين أن ساتوشي ناكاموتو يستحق عشرات المليارات بسبب Bitcoin ، إلا أنه لم يبع أيا منها (في محفظته المعروفة). إلى جانب عدم الكشف عن هويته ، ربما لم يحقق مؤسس Bitcoin أي ربح كبير من خلال العملة ، على الأقل بالنسبة لعشرات أو مئات المليارات التي يمتلكها.

هل يمكن اختراق البيتكوين؟

من المستحيل اختراق Bitcoin نفسه نظرا لأن الشبكة بأكملها تتم مراجعتها باستمرار من قبل العديد من العقد (أجهزة الكمبيوتر) داخل الشبكة ، وبالتالي لا يمكن لأي مهاجم اختراق النظام حقا إلا إذا كان يتحكم في 51% أو أكثر من الطاقة الحسابية في الشبكة (حيث يمكن استخدام عنصر تحكم الأغلبية للتحقق من صحة أي شيء ، سواء كان صحيحا أم لا). بالنظر إلى قوة التعدين وراء Bitcoin ، فإن هذا مستحيل بشكل أساسي. ومع ذلك ، فإن نقطة الضعف في أمان العملة المشفرة هي محافظ المستخدمين. المحافظ والبورصات أسهل بكثير في الاختراق. لذلك ، على الرغم من أنه من المستحيل اختراق Bitcoin ، فقد يتم اختراق Bitcoin الخاص بك بسبب خطأ البورصة ، وكذلك بسبب كلمة مرور ضعيفة أو مشتركة عن طريق الخطأ. بشكل عام ، إذا التزمت بالبورصات القائمة واحتفظت بكلمة مرور خاصة وآمنة ، فإن فرصك في التعرض للاختراق تكون معدومة عمليا.

من يتتبع معاملات البيتكوين؟

تحتفظ كل عقدة (كمبيوتر) في شبكة Bitcoin بنسخة كاملة من جميع معاملات Bitcoin. يتم استخدام المعلومات للتحقق من صحة المعاملات وضمان الأمن. بالإضافة إلى ذلك ، فإن جميع معاملات Bitcoin عامة ويمكن عرضها من خلال دفتر الأستاذ Bitcoin ؛ يمكنك عرض هذا بنفسك على الرابط التالي:

https://www.blockchain.com/btc/unconfirmed-transactions

هل يمكن لأي شخص شراء وبيع البيتكوين؟

نظرا لأن Bitcoin لا مركزية ، يمكن لأي شخص الشراء والبيع ، بغض النظر عن العوامل الخارجية أو الهوية. ومع ذلك ، تتطلب العديد من البلدان تداول العملات المشفرة فقط من خلال البورصات المركزية (لأغراض الضرائب والأمن) ، وبالتالي تتطلب تفويضات KYC الأساسية ، مثل الهوية ورقم الضمان الاجتماعي وما إلى ذلك. تمنع مثل هذه القوانين بعض الأشخاص من الاستثمار في العملات المشفرة وتحتفظ البورصات المركزية بالحق في إغلاق الحسابات لأي سبب من الأسباب.

هل البيتكوين مجهول؟

كما هو مذكور في السؤال أعلاه مباشرة ، فإن النظام الفطري الذي يحكم Bitcoin يسمح بعدم الكشف عن هويته الشخصية الكاملة. كل ما يجب مشاركته لمعاملة ناجحة هو عنوان المحفظة. ومع ذلك ، فقد جعلت التفويضات الحكومية من غير القانوني في العديد من البلدان (المثال الأساسي هو الولايات المتحدة) التداول في البورصات اللامركزية. وبالتالي ، فإن البورصات المركزية تمنع إخفاء الهوية القانونية أثناء تداول العملات المشفرة.

هل يمكن أن تتغير قواعد البيتكوين؟

نظرا لأن Bitcoin لا مركزي ، لا يمكن للنظام تغيير نفسه. ومع ذلك ، يمكن تغيير قواعد الشبكة من خلال إجماع حاملي البيتكوين. اليوم ، تقوم المشاريع مفتوحة المصدر بتحديث Bitcoin إذا كانت هناك حاجة إلى تحديثات ، ولا تفعل ذلك إلا إذا تم قبول التغييرات من قبل مجتمع Bitcoin.

هل يجب رسملة البيتكوين؟

يجب رسملة البيتكوين كشبكة. لا ينبغي رسملة البيتكوين كوحدة واحدة. على سبيل المثال ، "بعد أن سمعت عن فكرة Bitcoin ، اشتريت 10 عملات بيتكوين."

ما هي بروتوكولات البيتكوين؟

البروتوكول هو نظام أو إجراء يتحكم في كيفية القيام بشيء ما. ضمن العملات المشفرة والبيتكوين ، تعد البروتوكولات هي الطبقة الحاكمة للكود. على سبيل المثال ، يحدد بروتوكول الأمان كيفية تنفيذ الأمان ، ويحكم بروتوكول blockchain كيفية عمل blockchain وعمله ، ويتحكم بروتوكول Bitcoin في كيفية عمل Bitcoin.

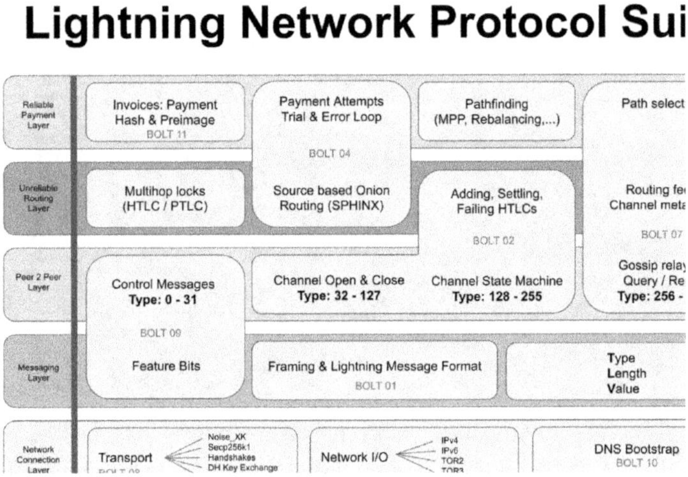

Lightning Network Protocol Sui

Reliable Payment Layer	Invoices: Payment Hash & Preimage BOLT 11	Payment Attempts Trial & Error Loop BOLT 04	Pathfinding (MPP, Rebalancing,...)	Path select
Unreliable Routing Layer	Multihop locks (HTLC / PTLC)	Source based Onion Routing (SPHINX)	Adding, Settling, Failing HTLCs BOLT 02	Routing fe Channel meta BOLT 07
Peer 2 Peer Layer	Control Messages Type: 0 - 31	Channel Open & Close Type: 32 - 127	Channel State Machine Type: 128 - 255	Gossip relay Query / Re Type: 256 -
Messaging Layer	Feature Bits BOLT 09	Framing & Lightning Message Format BOLT 01		Type Length Value
Network Connection Layer	Transport	Noise_XK Secp256k1 Handshakes DH Key Exchange	Network I/O	IPv4 IPv6 TOR2 TOR3	DNS Bootstrap BOLT 10

* هذا مثال على بروتوكول ، يتم عرضه من خلال عدسة شبكة Lightning Network ، وهو بروتوكول دفع Layer-2 مصمم للعمل فوق العملات المعدنية مثل Bitcoin و Litecoin لتمكين معاملات أسرع وبالتالي حل مشكلات قابلية التوسع.

رينييبك / CC BY-SA 4.0
File:Lightning_Network_Protocol_Suite.png

ما هو دفتر الأستاذ الخاص بالبيتكوين؟

يقوم دفتر الأستاذ الخاص ب Bitcoin ، وجميع دفاتر الأستاذ blockchain ، بتخزين البيانات حول جميع المعاملات المالية التي تتم على blockchain المحدد. تستخدم العملات المشفرة دفاتر الأستاذ العامة ، مما يعني أن دفتر الأستاذ المستخدم لتسجيل جميع المعاملات متاح للجمهور. يمكنك رؤية دفتر الأستاذ العام للبيتكوين في .blockchain.com/explorer

Hash	Time	Amount (BTC)	Amount (USD)
e3bc0fb2e5f235094f3825ab722ca4dda006c3528db1468012e1395984f8a3ec	12:22	3.40547680 BTC	$170,416.94
80c2a1ab9cc9fc94f082a707840216f3858beb189428840adf169fb2fb150735	12:22	0.52284473 BTC	$26,164.21
f3773b98dd9b10777e0761dd7d6be8e7953b190546b245fcafef5494124a0e9d	12:22	0.03063826 BTC	$1,533.20
e5e5e9678e6494bb68cea67aef3aee769ef972172db5424797dcd16eb7345a9a	12:22	0.00151322 BTC	$75.72
5f3bcd4212f05ed0d9ad7be40a97e1b4e6fe3456c7d9926e8b1a5219b7a1f33e	12:22	0.84369401 BTC	$42,220.15
37e7a56509c2b095549c3f865e2dcd3c0a29f47d5987d64ef5cf4b8ce8992611	12:22	0.00153592 BTC	$76.86
ee7a833c2da6c25125a653903828db74303d2efafdf730b0cc2767d8840e1754	12:22	0.00210841 BTC	$105.51
d2259896d076a2723259cc55e7131c3d4622ce6a14c37eb51cadd9992f3873c1	12:22	0.00251375 BTC	$125.79
8f7a795196ec4bdb0cc9316e75c13ca1f944c7946faf24004952aa2a0aed072f	12:22	1.60242873 BTC	$80,188.77
7f6fa2f64999a07e03a344aed9ddb34282693afeddfcb611f996109b83bdb11f	12:22	0.00022207 BTC	$11.11
8c9dfdf9b649a1d465d5d2cfcb3185ad91b067d36b4b80b3233d0c76cf859d60	12:22	0.00006000 BTC	$3.00
4dce5a6630641314fff08a30dca8209585563c450accdf01f1f72401b9ffbe24	12:22	0.00761070 BTC	$380.85
7e31b8588d549a694819ed19b11d03025141ca429bfbaf699ca73fb82ea0825d	12:22	0.00070666 BTC	$35.36
9fd5d4e37f766c414078c8d2dc8cd48efa6cf00f901d81e81e73a1a874c2beef	12:22	0.00061789 BTC	$30.92
b4dda5555fde5282c1e61fa69e56998e55904b77da989136a62b256aac2960fb	12:22	0.07876440 BTC	$3,941.53
a8f05dce5ca3964bd5fbfb65a52e8a23834597739f1828c368fbc8aba129391a	12:22	1.41705545 BTC	$70,912.32
b80588be59e4be8d3b22294d86c2f0df577a7e58a92961afbb62ba3add06b053	12:22	0.30358853 BTC	$15,192.18
e0fb0dcd87c22b2e11ef7eb3852a7a6a51bca0907d0d03189f6d8e275a410dd8	12:22	0.00712366 BTC	$356.48
f60389c978d4bf68bb32047fbd5efecb046d1f0e09c3c7b2035e5b2b6a852445	12:22	0.00029789 BTC	$14.91
a820e18a7a4538e4cd410f1f9fb213408174f699ffe2d245540b388e7befbfbf	12:22	0.79690506 BTC	$39,878.74
cbdc6ef0689d4a243add5c0b8c40d014d4e33a5e01e8eacd3fbcaffc9aba36c2	12:22	0.54677419 BTC	$27,361.68

* عرض مباشر لدفتر الأستاذ العام Bitcoin من blockchain.com

أي نوع من الشبكات هو بيتكوين؟

Bitcoin هي شبكة P2P (نظير إلى نظير). تتضمن شبكة نظير إلى نظير العديد من أجهزة الكمبيوتر التي تعمل مع بعضها البعض لإكمال المهام. لا تتطلب شبكات نظير إلى نظير سلطة مركزية وهي جزء لا يتجزأ من شبكات blockchain والعملات المشفرة.

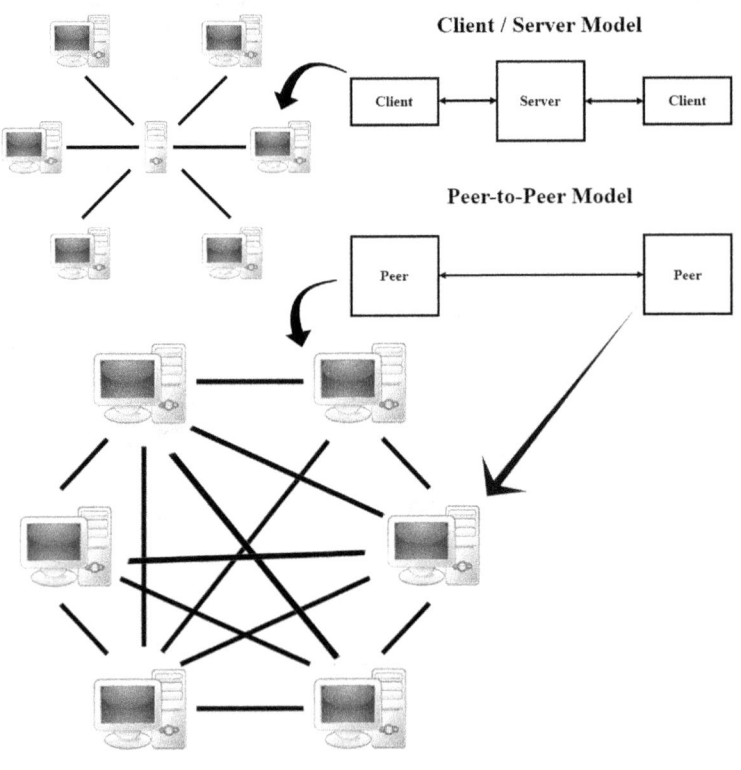

[12]

---

[12] تم إنشاؤها بواسطة المؤلف ؛ استنادا إلى صور من المصادر التالية:
ماورو بيغ / جنو GPL / File:Server-based-network.svg
لودوفيك فيري / PDM / File:P2P-network.svg

هل يمكن أن تظل Bitcoin هي العملة المشفرة الأولى عندما تصل إلى الحد الأقصى للعرض؟

سوف ينفد المعروض من Bitcoin بالفعل ، لكنه سيفعل ذلك في عام 2140. عند هذه النقطة ، ستكون جميع BTC البالغ عددها 21 مليون في الشبكة ، ويجب تنفيذ نظام حوافز أو إمداد آخر لاستمرار بقاء الشبكة. ومع ذلك ، فإن تخمين ما إذا كانت Bitoin ستكون أفضل عملة مشفرة في عام 2140 يشبه السؤال في عام 1900 كيف سيكون شكل عام 2020 ؛ الفرق في التكنولوجيا يكاد يكون كبيرا بشكل مستحيل والبيئة التكنولوجية في القرن 22nd هو تخمين أي شخص. علينا فقط أن نرى.

ميشيل بانكي / File:Client-server_Vs_peer-to-peer / CC BY-SA 4.0 _- en.png_

كم من المال يجني عمال مناجم البيتكوين؟

يجني عمال مناجم البيتكوين ، مجتمعين ، حوالي 45 مليون دولار في اليوم و 1.9 مليون دولار في الساعة (6.25 بيتكوين لكل كتلة ، 144 كتلة في اليوم). يعتمد الربح لكل عامل منجم على تجزئة الطاقة وتكلفة الكهرباء ورسوم المجمع (إذا كان في مجمع) واستهلاك الطاقة وتكلفة الأجهزة ؛ يمكن لحاسبات التعدين عبر الإنترنت تقدير الأرباح بناء على كل هذه العوامل. يمكن العثور على أشهر هذه الآلات الحاسبة ، التي تقدمها Nicehash ، في https://www.nicehash.com/profitability-calculator.

ما هو ارتفاع كتلة البيتكوين؟

ارتفاع الكتلة هو عدد الكتل في blockchain. الارتفاع 0 هو الكتلة الأولى (يشار إليها أيضا باسم "كتلة التكوين")، والارتفاع 1 هو الكتلة الثانية، وهكذا ؛ ارتفاع الكتلة الحالي للبيتكوين هو أكثر من نصف مليون. يبلغ "وقت إنشاء الكتلة" للبيتكوين حاليا حوالي 10 دقائق ، مما يعني أنه تتم إضافة كتلة جديدة واحدة إلى blockchain Bitcoin كل 10 دقائق تقريبا.

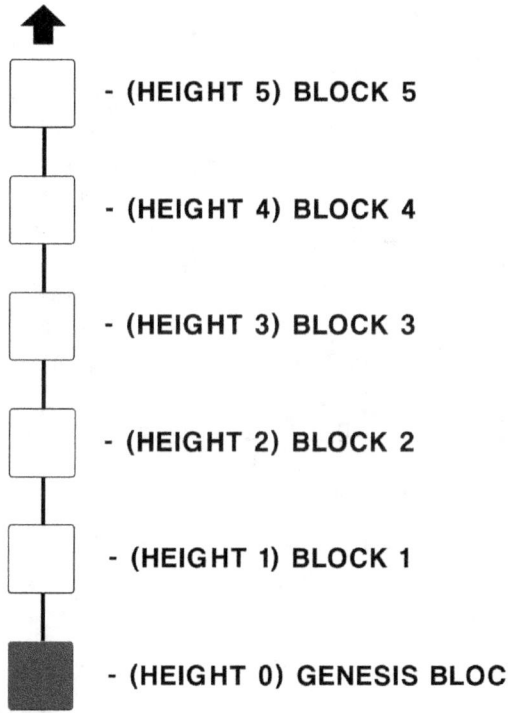

هل تستخدم البيتكوين المقايضات الذرية؟

المقايضة الذرية هي تقنية عقد ذكية تسمح للمستخدمين بتبادل عملتين مختلفتين لبعضهما البعض دون وسيط من طرف ثالث ، وعادة ما يكون تبادلا ، ودون الحاجة إلى الشراء أو البيع. لا يمكن للبورصات المركزية ، مثل Coinbase ، إجراء مقايضات ذرية. بدلا من ذلك ، تسمح التبادلات اللامركزية بالمقايضات الذرية وتعطي السيطرة الكاملة للمستخدمين النهائيين.

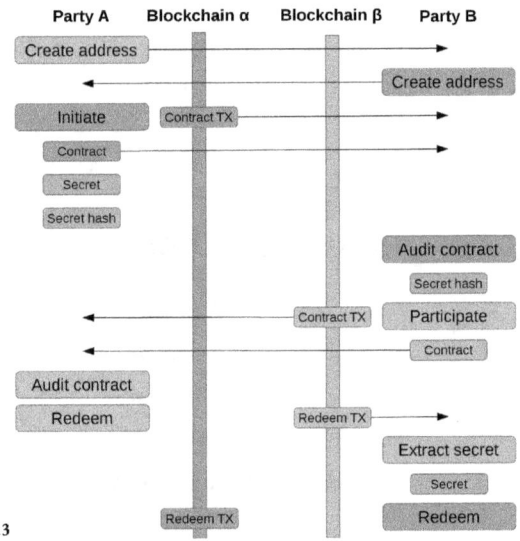

[13]

* تصور سير عمل المبادلة الذرية.

---

13 نيكبواريو / File:Atomic_Swap_Workflow.svg / CC BY-SA 4.0

ما هي مجمعات تعدين البيتكوين؟

تشير مجمعات التعدين ، والمعروفة أيضا باسم التعدين الجماعي ، إلى مجموعات من الأشخاص أو الكيانات الذين يجمعون قوتهم الحسابية من أجل التعدين معا وتقسيم المكافآت. وهذا يضمن أيضا أرباحا متسقة ، على عكس الأرباح المتقطعة.

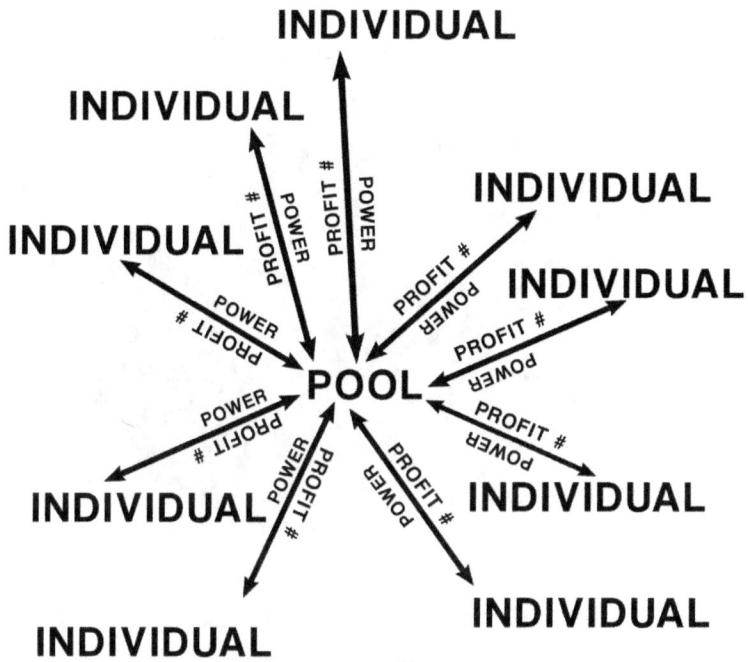

[14]

[14] العمل الأصلي للمؤلف. قابلة للاستخدام بموجب ترخيص CC BY-SA 4.0

من هم أكبر عمال مناجم البيتكوين؟

الشكل 2.3 هو تفصيل لتوزيع عامل منجم البيتكوين. الأجزاء الكبيرة كلها مجمعات تعدين ، وليست عمال مناجم فرديين ، لأن المجمعات تتيح نطاقا هائلا (من حيث القوة الحسابية) من خلال الاستفادة من شبكة من الأفراد. هذا ، في جوهره ، يطبق مفهوم التوزيع الشبيه بالبيتكوين على التعدين. تشمل أكبر مجمعات Bitcoin Antpool (تجمع تعدين مفتوح الوصول) ViaBTC (المعروف بكونه آمنا ومستقرا) ، و Slush Pool (أقدم تجمع تعدين) ، و BTC.com (الأكبر من بين الأربعة).

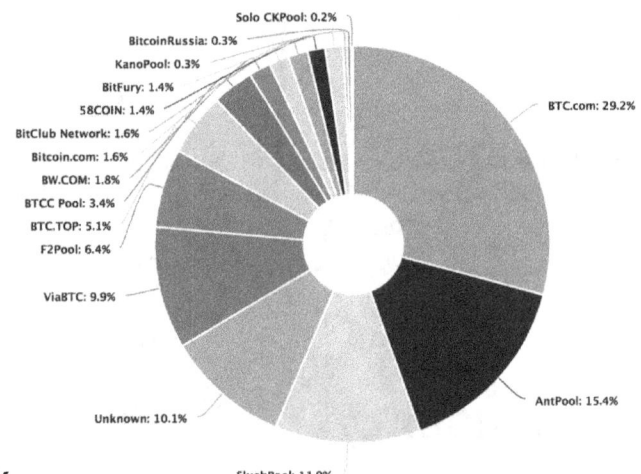

[15]

الشكل 2.3: توزيع تعدين البيتكوين 3

[15] "توزيع تعدين البيتكوين 3 | قم بتنزيل الرسم التخطيطي العلمي." https://www.researchgate.net/figure/Bitcoin-Mining-Distribution-3_fig3_328150068. تم الوصول إليه في 2 سبتمبر 2021.

هل تقنية البيتكوين قديمة؟

نعم ، التكنولوجيا التي تشغل Bitcoin قديمة مقارنة بالمنافسين الجدد. قامت Bitcoin بعمل رائد وعملت كدليل على مفهوم العملات المشفرة ، ولكن كما هو الحال مع جميع التقنيات ، فإن الابتكار يدفع إلى الأمام وتتطلب مواكبة هذا الابتكار ترقيات متماسكة ، وهو ما لم يكن لدى Bitcoin. يمكن لشبكة Bitcoin التعامل مع حوالي 7 معاملات في الثانية ، بينما يمكن ل Ethereum (ثاني أكبر عملة مشفرة من حيث القيمة السوقية) التعامل مع 30 معاملة في الثانية ، ويمكن ل Cardano ، ثالث أكبر عملة مشفرة وأحدث بكثير ، التعامل مع حوالي 1 مليون معاملة في الثانية. يؤدي ازدحام الشبكة على شبكة Bitcoin إلى رسوم أعلى بكثير. بهذه الطريقة ، وكذلك في قابلية البرمجة والخصوصية واستخدام الطاقة ، فإن Bitcoin قديمة إلى حد ما. هذا لا يعني أنه لا يعمل. إنه كذلك ، فهذا يعني فقط أنه يجب تنفيذ ترقيات جادة أو ستصبح تجربة المستخدم أسوأ وسيزدهر المنافسون. ومع ذلك ، بغض النظر ، تتمتع Bitcoin بقيمة هائلة للعلامة التجارية ، ونطاق هائل من الاستخدام والتبني ، والبروتوكولات التي تنجز المهمة بطريقة آمنة ؛ هذا يعني فقط أنها ليست لعبة محصلتها صفر ولن تنتهي على الأرجح في أفضل أو أسوأ سيناريو. من المحتمل أن نرى سيناريو وسطا ، حيث تستمر Bitcoin في مواجهة المشكلات ، وتستمر في تنفيذ الحلول ، وتستمر في النمو (على الرغم من أن النمو يجب أن يتباطأ في مرحلة ما) مع نمو مساحة التشفير.

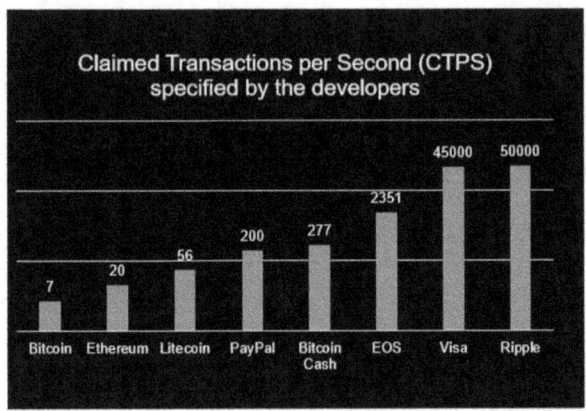

https://investerest.vontobel.com/ [16]

---

[16] "شرح بيتكوين - الفصل 7: قابلية التوسع في بيتكوين - Investerest".
https://investerest.vontobel.com/en-dk/articles/13323/bitcoin-explained---chapter-7-bitcoins-scalability/. تم الوصول إليه في 4 سبتمبر 2021.

ما هي عقدة البيتكوين؟

العقدة هي جهاز كمبيوتر (يمكن أن تكون العقدة أي جهاز كمبيوتر ، وليس أي نوع محدد) متصل بشبكة blockchain ويساعد blockchain في كتابة الكتل والتحقق من صحتها. تقوم بعض العقد بتنزيل تاريخ كامل من blockchain الخاص بهم. وتسمى هذه العقد الرئيسية وتؤدي مهام أكثر من العقد العادية. بالإضافة إلى ذلك ، لا ترتبط العقد بأي حال من الأحوال بشبكة معينة ؛ يمكن للعقد التبديل إلى العديد من سلاسل الكتل المختلفة عمليا حسب الرغبة ، كما هو الحال مع التعدين متعدد التجمعات.

كيف تعمل آلية توريد البيتكوين؟

تستخدم Bitcoin آلية إمداد PoW. آلية التوريد هي الطريقة التي يتم بها إدخال الرموز المميزة الجديدة على الشبكة. PoW ، أو "إثبات العمل" يعني حرفيا أن العمل (من حيث المعادلات الرياضية) مطلوب لإنشاء كتل. الأشخاص الذين يقومون بالعمل هم عمال المناجم.

كيف يتم حساب القيمة السوقية للبيتكوين؟

معادلة القيمة السوقية بسيطة للغاية: # من الوحدات × السعر لكل وحدة. "وحدات" البيتكوين هي عملات معدنية ، لذلك لحل القيمة السوقية ، يمكن للمرء أن يضاعف العرض المتداول (حوالي 18.8 مليون) بسعر العملة (حوالي 50000 دولار). الرقم الناتج (في هذه الحالة ، 940 مليار) هو القيمة السوقية.

هل يمكنك منح قروض البيتكوين والحصول عليها؟

نعم ، يمكنك الاستفادة من Bitcoin والعملات المشفرة الأخرى للحصول على قرض بالدولار الأمريكي. هذه القروض مثالية للأشخاص الذين لا يرغبون في بيع مقتنياتهم من Bitcoin ، ولكنهم يحتاجون إلى المال لتغطية نفقات مثل مدفوعات السيارة أو الممتلكات ، والسفر ، وشراء عقار ، وما إلى ذلك. يسمح الحصول على قرض لحامله بالاحتفاظ بأصوله مع الاستمرار في الاستفادة من القيمة المقفلة في الأصل. بالإضافة إلى ذلك ، تتمتع قروض Bitcoin بأوقات تحول وقبول سريعة للغاية ، ولا تهم درجات الائتمان ، وتأتي القروض بدرجة معينة من السرية (بمعنى أن المقرضين ليس لديهم مصلحة في ما تنفق الأموال عليه). كمقرض ، إنها استراتيجية جيدة لخلق دخل من الحيازات المستقرة. على كلا الجانبين ، يكمن الخطر إلى حد كبير في تقلبات البيتكوين. في كلتا الحالتين ، إنه عمل مثير للاهتمام ، وهو عمل بدأ للتو ولديه إمكانات نمو هائلة حقا. الخدمات الأكثر شعبية لإعطاء والحصول على قروض البيتكوين والعملات هي blockfi.com و lendabit و youhodler و btcpop و coinloan.io و mycred.io.

ما هي أكبر مشاكل البيتكوين؟

بيتكوين ، للأسف ، ليست مثالية. كانت الأولى من نوعها ، ولم يتم إتقان أي تقنية جديدة في المحاولة الأولى. أكبر مشكلة حالية وطويلة الأجل تواجه البيتكوين هي مشكلة الطاقة والحجم. تعمل Bitcoin من خلال نظام إثبات العمل (PoW) ، والجانب السلبي المتكبد هو الاستخدام العالي للطاقة ؛ تستخدم Bitcoin حاليا 78 تيراواط / ساعة سنويا (يستخدم الكثير منها ، وليس كلها ، الكربون). لتوفير بعض المنظور ، فإن تيراواط ساعة هي وحدة طاقة تساوي إخراج تريليون واط لمدة ساعة واحدة. على الرغم من ذلك ، تستهلك شبكة Bitcoin طاقة أقل بثلاث مرات من نظام المال التقليدي ؛ تكمن المشكلة في استخدام الطاقة عند التبني الجماعي وفي استخدام الطاقة بالنسبة إلى العملات المشفرة الأخرى.[17]

يستخدم نظام PoS (إثبات الحصة) ، مثل النظام الذي تستخدمه Ethereum ، طاقة أقل بنسبة 99.95٪ من بديل إثبات العمل.[18] هذا أكثر أهمية من أي بيانات استهلاك مطلق للطاقة ، لأنه يلمح إلى حقيقة أن Bitcoin لديها القدرة على استهلاك طاقة أقل بكثير مما تستهلكه حاليا ؛ حتى لو كانت متطلبات الطاقة المثالية بعيدة المنال. بالإضافة إلى الحجم ، هناك مشكلة لا تقل أهمية تواجه Bitcoin على المدى الطويل (ليس من حيث البقاء ، ولكن من حيث القيمة) وهي المنفعة. لدى Bitcoin فائدة متأصلة قليلة وتعمل كمخزن للقيمة أكثر من كونها تقنية. يمكن القول أن البيتكوين تملأ مكانة وتعمل مثل الذهب الرقمي ، ولكن السيف ذو الحدين للمكانة المستقرة هو أن تقلب البيتكوين مرتفع للغاية بالنسبة لمخزن طويل الأجل للقيمة وفي مرحلة ما إما يجب أن ينخفض التقلب أو سيظل الاستخدام

---

[17] "تستهلك البنوك طاقة أكثر بثلاث مرات من بيتكوين ..." https://bitcoinist.com/banks-consume-energy-bitcoin/.

[18] "إثبات الحصة يمكن أن يجعل Ethereum 99.95٪ أكثر كفاءة في استخدام الطاقة ..." https://www.morningbrew.com/emerging-tech/stories/2021/05/19/proofofstake-make-ethereum-9995-energyefficient-work.

مقصورا على التركيبة السكانية المريحة مع التقلبات العالية. على أقل تقدير ، تثير مسألة المنفعة مسألة بدائل العملة البديلة. نظرا لأن حالات استخدام العملات المشفرة متنوعة ، خاصة فيما يتعلق بالمنفعة ، وبالتالي يجب أن توجد العملات المشفرة بخلاف Bitcoin على نطاق واسع على المدى الطويل. السؤال عن أي واحد ، إذا تمت الإجابة عليه بشكل صحيح ، سيكون مربحا للغاية.

هل لدى البيتكوين عملات معدنية أو رموز؟

تتكون Bitcoin من عملات معدنية ، ولكن من المهم فهم الفرق بين الرموز المميزة والعملات المعدنية. رمز العملة المشفرة هو وحدة رقمية تمثل أصلا ، تماما مثل العملة المعدنية. ومع ذلك ، في حين أن العملات المعدنية مبنية على blockchain الخاصة بها ، فإن الرموز المميزة مبنية على blockchain آخر. تستخدم العديد من الرموز المميزة سلسلة كتل Ethereum ، وبالتالي يشار إليها باسم الرموز المميزة ، وليس العملات المعدنية. تستخدم العملات المعدنية فقط كنقود ، في حين أن الرموز المميزة لها نطاق أوسع من الاستخدامات. يعد فهم الرموز المميزة جزءا لا يتجزأ من فهم ما تتداوله بالضبط ، بالإضافة إلى فهم جميع استخدامات العملات الرقمية ، ولهذه الأسباب يتم تحليل الفئات الفرعية الأكثر شيوعا هنا:

1. *تمثل رموز الأمان* الملكية القانونية للأصل ، سواء كانت رقمية أو مادية. لا تعني كلمة "أمان" في الرموز المميزة للأوراق المالية الأمان كما هو الحال في الأمان ، بل تشير كلمة "أمان" إلى أي أداة مالية لها قيمة ويمكن تداولها. في الأساس ، تمثل رموز الأمان استثمارا أو أصلا.

2. *الرموز المميزة للأداة المساعدة* مضمنة في بروتوكول موجود ويمكنها الوصول إلى خدمات هذا البروتوكول. تذكر أن البروتوكولات توفر قواعد وهيكلا للعقد لاتباعها ، ويمكن استخدام الرموز المميزة للأداة المساعدة لأغراض أوسع من مجرد رمز مميز للدفع. على سبيل المثال ، يتم إعطاء الرموز المميزة للمنفعة عادة للمستثمرين أثناء ICO. بعد ذلك ، في وقت لاحق ، يمكن للمستثمرين استخدام الرموز المميزة للمرافق التي تلقوها كوسيلة للدفع على المنصة التي تلقوا الرموز منها. الشيء الرئيسي الذي يجب مراعاته هو أن الرموز المميزة للمرافق يمكن أن تفعل أكثر من مجرد كونها وسيلة لشراء أو بيع السلع والخدمات.

3. تستخدم رموز *الحوكمة* لإنشاء وتشغيل نظام تصويت للعملات المشفرة يسمح بترقيات النظام بدون مالك مركزي.

4. تستخدم رموز *الدفع (المعاملات)* فقط لدفع ثمن السلع والخدمات.

هل يمكنك كسب المال بمجرد الاحتفاظ بالبيتكوين؟

ستوفر العديد من العملات مكافآت فقط للاحتفاظ بالأصل ؛ سيحقق حاملو Ethereum قريبا 5% APR على ETH المربوط. ومع ذلك ، فإن الكلمة المهمة هي "رهان" لأن جميع العملات التي تقدم المال فقط للاحتفاظ بالعملة أو الرمز المميز (تسمى "مكافآت Staking ") تعمل على نظام وخوارزمية PoS (إثبات الحصة). خوارزمية PoS هي بديل لإثبات العمل (إثبات العمل) الذي يسمح للشخص بتعدين المعاملات والتحقق من صحتها بناء على عدد العملات المملوكة. لذلك ، مع PoS ، كلما امتلكت أكثر ، كلما قمت بتعدين أكثر. قد تعمل Ethereum قريبا على إثبات الحصة ، والعديد من البدائل تفعل ذلك بالفعل. بعد كل ما قيل ، لا يزال بإمكانك كسب فائدة على Bitcoin الخاص بك عن طريق إقراضه للمقترضين.

هل لدى البيتكوين انزلاق سعري؟

لتوفير بعض السياق ، يمكن أن يحدث الانزلاق عندما يتم وضع صفقة مع أمر سوق. تحاول أوامر السوق التنفيذ بأفضل سعر ممكن ، ولكن في بعض الأحيان يحدث اختلاف ملحوظ بين السعر المتوقع والسعر الفعلي. على سبيل المثال ، قد ترى أن examplecoin بسعر 100 دولار ، لذلك تضع أمر سوق مقابل 1000 دولار. ومع ذلك ، ينتهي بك الأمر بالحصول على 9.8 examplecoin فقط مقابل 1000 دولار ، على عكس 10 المتوقعة. يحدث الانزلاق السعري لأن فروق أسعار العرض / الطلب تتغير بسرعة (بشكل أساسي ، تغير سعر السوق). البيتكوين ومعظم العملات المشفرة عرضة للانزلاق ؛ لهذا السبب ، إذا كنت تضع طلبا كبيرا ، ففكر في وضع أمر محدد بدلا من أمر السوق. هذا سيقضي على الانزلاق.

ما هي اختصارات Bitcoin التي يجب أن أعرفها؟

آث

اختصار يعني "كل الوقت عالية". هذا هو أعلى سعر وصلت إليه العملة المشفرة خلال فترة زمنية مختارة.

إيه تي إل

اختصار يعني "كل الوقت منخفض". هذا هو أدنى سعر وصلت إليه العملة المشفرة خلال فترة زمنية مختارة.

بي تي دي

اختصار يعني "شراء الغطس". يمكن أيضا تمثيلها، إلى جانب بعض اللغة المالحة، باسم BTFD.

سي إي إكس

اختصار يعني "التبادل المركزي". البورصات المركزية مملوكة لشركة تدير المعاملات. Coinbase هو CEX شعبية.

إيكو

"عرض العملة الأولي."

P2P

"القدمين هي أقدام".

PND

"ضخ وتفريغ."

دوروا

"العائد على الاستثمار".

دفاتر الحسابات

اختصار يعني "تقنية دفتر الأستاذ الموزع". دفتر الأستاذ الموزع هو دفتر أستاذ يتم تخزينه في العديد من المواقع المختلفة بحيث يمكن التحقق من صحة المعاملات من قبل أطراف متعددة. تستخدم شبكات Blockchain دفاتر الأستاذ الموزعة.

ساتس

SATS هو اختصار لساتوشي ناكاموتو ، وهو الاسم المستعار الذي يستخدمه منشئ Bitcoin. SATS هي أصغر وحدة مسموح بها من البيتكوين ، وهي 0.00000001 BTC. يشار أيضا إلى أصغر وحدة من البيتكوين ببساطة باسم ساتوشي.

ما هي لغة البيتكوين العامية التي يجب أن أعرفها؟

كيس

تشير الحقيبة إلى موضع المرء. على سبيل المثال ، إذا كنت تمتلك كمية كبيرة من عملة معدنية ، فأنت تمتلك حقيبة منها.

حامل الحقيبة

حامل الحقيبة هو تاجر لديه مركز في عملة لا قيمة لها. غالبا ما يتمسك حاملو الحقائب بالأمل في موقفهم الذي لا قيمة له

دلفين

يتم تصنيف حاملي العملات المشفرة من خلال عدة مختلفة. أولئك الذين لديهم حيازات كبيرة للغاية ، كما هو الحال في 10 من الملايين ، تسمى الحيتان ، في حين أن أولئك الذين لديهم حيازات متوسطة الحجم تسمى الدلافين.

التقليب / الخفقان

يستخدم "التقليب" لوصف اللحظة الافتراضية عندما ، إن وجد ، تجاوز الإيثريوم (ETH) Bitcoin (BTC) في القيمة السوقية. كانت "الخفقان" هي اللحظة التي تجاوزت فيها Litecoin (LTC) Bitcoin Cash (BCH) في القيمة السوقية. حدث الخفقان في عام 2018 ، في حين أن التقليب لم يحدث بعد ، واستنادا إلى القيمة السوقية البحتة ، من غير المرجح أن يحدث على الإطلاق.

القمر / إلى القمر

تشير مصطلحات مثل "إلى القمر" و "إنها ذاهبة إلى القمر" ببساطة إلى ارتفاع قيمة العملة المشفرة ، عادة بمقدار كبير.

بخار

Vaporware هي عملة معدنية أو رمز مميز تم تضخيمه ، ولكن له قيمة جوهرية قليلة ومن المرجح أن تنخفض قيمته.

نادي فلاديمير

مصطلح يصف شخصا حصل على 1٪ من 1٪ (0.01٪) من الحد الأقصى للعرض من العملة المشفرة.

ضعف الأيدي

التجار لديك "أيدي ضعيفة" تفتقر إلى الثقة للاحتفاظ بأصولهم في. مواجهة التقلبات وغالبا ما تتداول على العاطفة ، بدلا من الالتزام بخطة التداول الخاصة بهم.

ريكت

التهجئة الصوتية ل "محطمة".

هودل

"تمسك بالحياة العزيزة."

ديور

"قم بأبحاثك الخاصة."

فومو

"الخوف من الضياع."

فود
"الخوف وعدم اليقين والشك".

جومو
"فرحة الضياع."

إيلي 5
"اشرح الأمر كما لو كان عمري 5 سنوات."

هل يمكنك استخدام الرافعة المالية والهامش لتداول البيتكوين؟

لتوفير سياق لأولئك الذين ليسوا على دراية بالتداول بالرافعة المالية ، يمكن للمتداولين "الاستفادة" من قوة التداول من خلال التداول على الأموال المقترضة من طرف ثالث. على سبيل المثال ، لنفترض أن لديك 1000 دولار وكنت تستخدم رافعة مالية 5x ؛ أنت الآن تتداول بأموال بقيمة 5000 دولار ، اقترضت منها 4000 دولار. من خلال نفس الوظيفة ، الرافعة المالية 10x هي 10,000 دولار و 100x هي 100,000 دولار. تسمح لك الرافعة المالية بتضخيم الأرباح باستخدام أموال ليست لك والحفاظ على بعض الأرباح الإضافية. التداول بالهامش قابل للتبادل تقريبا مع تداول الرافعة المالية (لأن الهامش يخلق رافعة مالية) والفرق الوحيد هو أن الهامش يتم التعبير عنه كنسبة مئوية للإيداع المطلوبة ، في حين أن الرافعة المالية هي نسبة (بمعنى ، يمكنك التداول بالهامش برافعة مالية 3x). الرافعة المالية والتداول بالهامش محفوف بالمخاطر للغاية. بشكل عام ، ما لم يكن لديك متداول متمرس ولديك بعض الاستقرار المالي ، لا ينصح بالتداول بالرافعة المالية. ومع ذلك ، تقدم العديد من البورصات خدمات تداول بالرافعة المالية لعملة البيتكوين والعملات المشفرة الأخرى. فيما يلي قوائم بأفضل الخدمات التي تقدم تداول الرافعة المالية للعملات المشفرة:

- Binance (مشهور ، الأفضل بشكل عام)
- Bybit (أفضل الرسوم البيانية)
- BitMEX (أسهل في الاستخدام)
- Deribit (الأفضل لتداول البيتكوين بالرافعة المالية)
- كراكن (شعبية ، سهلة الاستخدام)

ما هي فقاعة البيتكوين؟

تشير الفقاعة في Bitcoin وجميع الاستثمارات إلى وقت يرتفع فيه كل شيء بمعدل غير مستدام. في كثير من الأحيان ، سوف تنفجر الفقاعات وتؤدي إلى انهيار كبير. لهذا السبب ، فإن التواجد في فقاعة ، سواء كان يشير إلى السوق ككل أو عملة أو رمز معين ، يعد أمرا جيدا و (moreso) أمرا سيئا.

ماذا يعني أن تكون "صعوديا" أو "هبوطيا" على البيتكوين؟

أن تكون دبا يعني أنك تعتقد أن سعر العملة أو الرمز المميز أو قيمة السوق ككل ستنخفض. إذا كنت تفكر بهذه الطريقة ، فأنت تعتبر أيضا "هبوطيا" على الورقة المالية المحددة. العكس هو أن تكون صعوديا: الشخص الذي يعتقد أن قيمة الورقة المالية سترتفع هو متفائل بشأن هذا الأمن. تم تعميم هذه الكلمات في مصطلحات سوق الأوراق المالية ، ويعتقد أن الأصل مرتبط بسمات: سيدفع الثور قرونه لأعلى أثناء مهاجمة الخصم ، بينما يقف الدب ويمرر لأسفل.

هل البيتكوين دوري؟

نعم ، Bitcoin دورية تاريخيا وتميل إلى العمل على دورات متعددة السنوات (على وجه التحديد ، دورات مدتها 4 سنوات) والتي انقسمت تاريخيا إلى ما يلي: ارتفاعات الاختراق ، والتصحيح ، والتراكم ، وأخيرا التعافي والاستمرار. يمكن تبسيط ذلك إلى صعود كبير ، أو هبوط كبير ، أو صعود صغير أو جانبي ، وارتفاع كبير. عادة ما تتبع الارتفاعات الاختراقية (عادة بعد عام أو نحو ذلك) أحداث خفض البيتكوين إلى النصف ، والتي تحدث كل أربع سنوات (أحدثها في عام 2020). هذا ، بأي حال من الأحوال ، هو علم دقيق ، لكنه يوفر بعض المنظور حول الإمكانات متوسطة المدى وحركة سعر البيتكوين. بالإضافة إلى ذلك ، تحدث قفزات كبيرة من Altcoins (على وجه التحديد العملات البديلة المتوسطة والصغيرة) عادة بينما لا تقوم Bitcoin بحركة صعودية كبيرة ولا حركة هبوطية كبيرة ، وغالبا ما تتبع حركة صعودية كبيرة. في مثل هذه المرحلة ، يأخذ المستثمرون أرباح Bitcoin (بينما يتماسك السعر) ويضعونها في عملات أصغر. لذلك ، كل هذا شيء يجب التفكير فيه بشكل عام ، خاصة إذا كنت تفكر في شراء أو بيع Bitcoin.

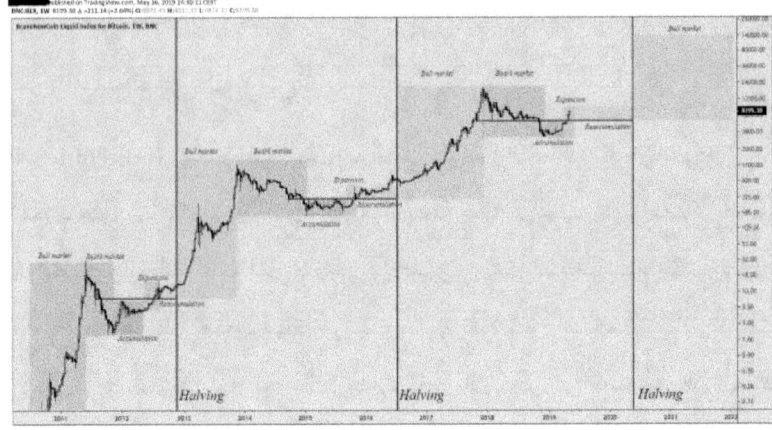

2019

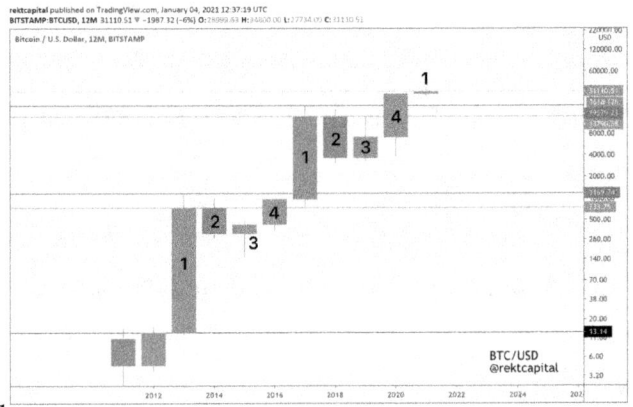

[21]

---

[19]

[20] "تحليل مفصل لدورات البيتكوين لمدة أربع سنوات | أكاديمية الفوركس." 10 فبراير 2021, https://www.forex.academy/detailed-breakdown-of-bitcoins-four-years-cycles/. تم الوصول إليه في 4 سبتمبر 2021.

[21] "تحليل مفصل لدورات البيتكوين لمدة أربع سنوات | هاكر نون". 29 أكتوبر 2020, https://hackernoon.com/a-detailed-breakdown-of-bitcoins-four-year-cycles-icp3z0q. تم الوصول إليه في 4 سبتمبر 2021.

ما هي فائدة البيتكوين؟

تعد المنفعة داخل عملة أو رمز مميز أحد أهم جوانب العناية الواجبة لأن فهم المنفعة الحالية والطويلة الأجل والقيمة الكامنة وراء العملة أو الرمز المميز يسمح بتحليل أكثر وضوحا للإمكانات. يتم تعريف المنفعة على أنها مفيدة وعملية. العملات المشفرة أو الرموز المميزة ذات المنفعة لها استخدامات حقيقية وعملية: فهي ليست موجودة فحسب ، بل تعمل على حل مشكلة أو تقديم خدمة. من المرجح أن تنجح العملات المعدنية ذات الاستخدامات الحالية الأكثر وظيفية وحالات الاستخدام على عكس تلك التي ليس لها غرض واستخدام وابتكار مستمر. فيما يلي بعض دراسات الحالة ، بما في ذلك دراسة Bitcoin:

- ❖ تعمل Bitcoin (BTC) كمخزن موثوق به وطويل الأجل للقيمة ، على غرار "الذهب الرقمي".
- ❖ يسمح Ethereum (ETH) بإنشاء dApps والعقود الذكية على رأس Ethereum blockchain.
- ❖ يمكن استخدام Storj (STORJ) لتخزين البيانات في السحابة بطريقة لامركزية ، على غرار Google Drive و Dropbox.
- ❖ يتم استخدام رمز الانتباه الأساسي (BAT) داخل متصفح Brave لكسب المكافآت وإرسال النصائح إلى المبدعين.
- ❖ Golem (GNT) هو كمبيوتر عملاق عالمي يوفر موارد حوسبة قابلة للتأجير مقابل رموز GNT.

هل من الأفضل الاحتفاظ بالبيتكوين أم تداوله؟

من الناحية التاريخية ، من الأفضل والأسهل الاحتفاظ بعملة البيتكوين ببساطة. إن الوقت والجهد والتوقيت اللازم للتداول بنجاح (أو لتحقيق ربح أكبر من أولئك الذين يحتفظون به) هو مزيج من الصعب للغاية تجميعه. أولئك الذين يفعلون ذلك عادة ما يكونون متداولين بدوام كامل أو لديهم إمكانية الوصول إلى الأدوات التي لا يمتلكها الآخرون. ما لم تكن على استعداد لاحتضان هذا المستوى من التفاني أو كنت تستمتع حقا بهذه العملية ، فمن الأفضل لك الاحتفاظ بالبيتكوين وشرائها على المدى الطويل.

هل الاستثمار في البيتكوين محفوف بالمخاطر؟

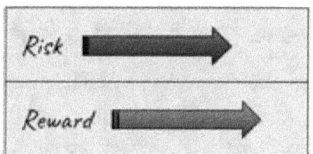

تستند الصورة أعلاه إلى مبدأ المفاضلة بين المخاطرة والعائد. عندما يرى المرء أي شخص آخر يكسب المال (كما هو ممكن إلى حد كبير وخطير من خلال وسائل التواصل الاجتماعي ، حيث ينشر الجميع المكاسب وليس الخسائر) ، كما يحدث حاليا في سوق التشفير ، فإننا عرضة لافتراض عدم وجود مخاطر كبيرة دون وعي (أو بوعي). ومع ذلك ، بشكل عام (خاصة فيما يتعلق بالاستثمارات) ، كلما زادت المكافأة ، زادت المخاطر. الاستثمار في العملات المشفرة ليس خاليا من المخاطر ولا منخفض المخاطر. إنه أمر محفوف بالمخاطر للغاية ، ولكن كونه سيفا ذا حدين ، فإنه يقدم أيضا مكافأة قصوى.

ما هي ورقة بيتكوين البيضاء؟

المستند التعريفي التمهيدي هو تقرير إعلامي صادر عن مؤسسة حول منتج أو خدمة أو فكرة عامة معينة. تشرح المستندات التقنية (حقا ، بيع) المفهوم وتقدم فكرة وجدولا زمنيا للأحداث المستقبلية. بشكل عام ، يساعد هذا القراء على فهم مشكلة ما ، ومعرفة كيف يهدف منشئو الورقة إلى حل هذه المشكلة ، وتكوين رأي حول هذا المشروع. هناك ثلاثة أنواع من الأوراق البيضاء تتردد على مساحة العمل: أولا ، "الخلفية" ، التي تشرح الخلفية وراء منتج أو خدمة أو فكرة وتوفر معلومات تقنية تركز على التعليم تبيع القارئ. النوع الثاني من الورق الأبيض هو "قائمة مرقمة" تعرض المحتوى بتنسيق سهل الهضم وموجه نحو الأرقام. على سبيل المثال ، "10 حالات استخدام لعملة CM" أو "10 أسباب ستهيمن TOKEN HL على السوق". النوع النهائي هو ورقة بيضاء للمشكلة / الحل ، والتي تحدد المشكلة التي يهدف المنتج أو الخدمة أو الفكرة إلى حلها ، وتشرح الحل الذي تم إنشاؤه.

تستخدم الأوراق البيضاء داخل مساحة التشفير لشرح المفاهيم الجديدة والجوانب الفنية والرؤية والخطط المحيطة بمشروع معين. سيكون لجميع مشاريع التشفير الاحترافية ورقة بيضاء ، توجد عادة على موقع الويب الخاص بهم. تمنحك قراءة المستند التعريفي التمهيدي فهما أفضل للمشروع من أي مصدر آخر للمعلومات التي يمكن الوصول إليها. تم نشر الورقة البيضاء لبيتكوين في عام 2008 وحددت مبادئ نظام الدفع الإلكتروني الآمن والموزع و P2P الشفاف والذي لا يمكن السيطرة عليه. يمكنك قراءة ورقة بيضاء Bitcoin الأصلية بنفسك على الرابط التالي:

bitcoin.org/bitcoin.pdf

فيما يلي بعض مواقع الويب التي توفر مزيدا من المعلومات حول الأوراق البيضاء للعملات المشفرة أو الوصول إليها.

جميع الأوراق البيضاء للعملات المشفرة

/https://www.allcryptowhitepapers.com

كريبتوريتينج

/https://cryptorating.eu/whitepapers

كوين ديسك

https://www.coindesk.com/tag/white-papers

ما هي مفاتيح البيتكوين؟

المفتاح هو سلسلة عشوائية من الأحرف التي تستخدمها الخوارزميات لتشفير البيانات. تستخدم Bitcoin ومعظم العملات المشفرة مفتاحين: مفتاح عام ومفتاح خاص. كلا المفتاحين عبارة عن سلاسل من الأحرف والأرقام. بمجرد أن يبدأ المستخدم معاملته الأولى ، يتم إنشاء زوج من المفتاح العام والمفتاح الخاص. يستخدم المفتاح العام لتلقي العملات المشفرة ، بينما يسمح المفتاح الخاص للمستخدم بإجراء المعاملات من حسابه. يتم تخزين كلا المفتاحين في محفظة.

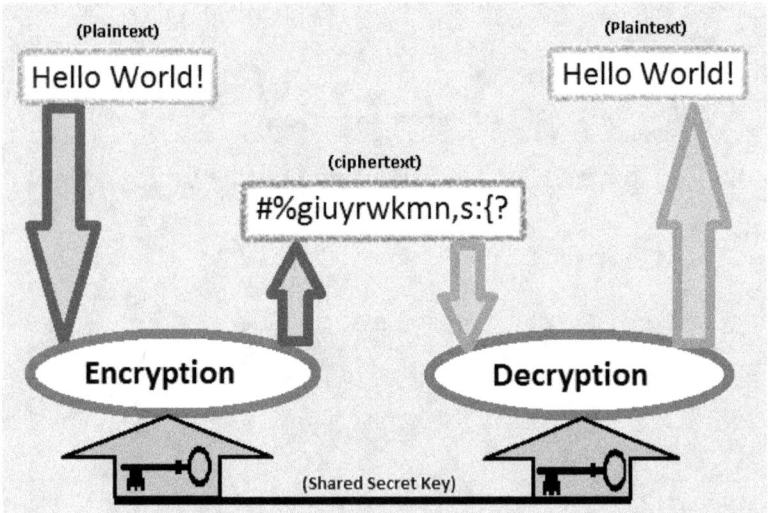

22

[22] ديف-إن جيتويل / PDM / File:Crypto.png

هل البيتكوين نادر؟

نعم. Bitcoin هو أصل انكماشي مع عرض ثابت. العملات المشفرة ذات العرض الثابت لها حد إمداد خوارزمي. بيتكوين ، كما ذكرنا ، هو أحد أصول العرض الثابت ، حيث لا يمكن إنشاء المزيد من العملات المعدنية بمجرد طرح 21 مليون في التداول. حاليا ، تم تعدين ما يقرب من 90٪ من البيتكوين ويتم إزالة حوالي 0.5٪ من إجمالي العرض من التداول سنويا (بسبب إرسال العملات المعدنية إلى حسابات يتعذر الوصول إليها. وفقا للنصف (الذي تمت تغطيته لاحقا) ، ستصل Bitcoin إلى الحد الأقصى للعرض حوالي عام 2140. العديد من العملات المشفرة الأخرى (التي يتم الحصول عليها من موقع الويب cryptoli.st ، تحقق منها بنفسك إذا كنت مهتما بقوائم التشفير الأخرى) مثل Binance Coin (BNB) و Cardano (ADA) و Litecoin (LTC) و ChainLink (LINK) ، تأسست أيضا على نظام انكماشي ثابت العرض. مزيد من المعلومات حول مفهوم الأنظمة الانكماشية ولماذا يجعل هذا بيتكوين نادرة موضحة في "ماذا يعني كون بيتكوين انكماشيا؟" السؤال أدناه.

ما هي حيتان البيتكوين؟

تشير الحيتان ، بالعملة المشفرة ، إلى الأفراد أو الكيانات التي تمتلك ما يكفي من عملة أو رمز معين ليتم اعتبارهم لاعبين رئيسيين لديهم القدرة على التأثير على حركة السعر. يمتلك حوالي 1000 من حيتان البيتكوين الفردية 40٪ من جميع عملات البيتكوين ، ويتم الاحتفاظ ب 13٪ من جميع عملات البيتكوين في ما يزيد قليلا عن 100 حساب.[23] يمكن لحيتان البيتكوين التلاعب بسعر البيتكوين من خلال استراتيجيات مختلفة ، وبالتأكيد فعلت ذلك في السنوات الأخيرة. مقالة ذات صلة مثيرة للاهتمام (نشرتها Medium) هي "حيتان البيتكوين والتلاعب بسوق العملات المشفرة".

---

[23] "العالم الغريب لحيتان البيتكوين 22 يناير 2021 ، https://www.telegraph.co.uk/technology/2021/01/22/weird-world-bitcoin-whales-2500-people-control-40pc-market/.

من هم عمال مناجم البيتكوين؟

عمال مناجم البيتكوين هم أي شخص يقرض الطاقة الحسابية لشبكة البيتكوين. يتراوح هذا من مستخدمي Nicehash PC إلى مزارع التعدين الكاملة. يتم تعريف أي شخص يضيف أي قوة إلى الشبكة (وبالتالي زيادة معدل التجزئة) على أنه عامل منجم. يقدم عمال مناجم البيتكوين قوة حسابية لشبكة البيتكوين، والتي تستخدم للتحقق من المعاملات وإضافة كتل إلى blockchain، مقابل مكافآت في Bitcoin.

ماذا يعني "حرق" البيتكوين؟

يشير مصطلح "محترق" إلى عملية الحرق ، وهي آلية إمداد تمكن من إخراج العملات المعدنية من التداول ، وبالتالي تعمل كأداة انكماشية وتزيد من قيمة كل عملة أخرى في الشبكة (مفهومها يشبه إلى حد كبير شركة تعيد شراء الأسهم في سوق الأسهم). يمكن إجراء الحرق بعدة طرق مختلفة: إحدى هذه الطرق هي إرسال العملات المعدنية إلى محفظة يتعذر الوصول إليها ، والتي تسمى "عنوان الآكل". في هذه الحالة ، في حين أن الرموز المميزة لم تتم إزالتها تقنيا من إجمالي العرض ، فقد انخفض العرض المتداول بشكل فعال. حاليا ، تم فقدان حوالي 3.7 مليون بيتكوين (200+ مليار من القيمة) من خلال هذه العملية. يمكن أيضا نسخ الرموز المميزة عن طريق ترميز وظيفة النسخ في البروتوكولات التي تحكم الرمز المميز ، ولكن الخيار الأكثر شيوعا هو من خلال عناوين الآكل المذكورة. أكد تحليل للعملات المشفرة يدعى Timothy Paterson أن 1,500 Bitcoins تضيع كل يوم ، وهو ما يتجاوز بكثير متوسط الزيادة اليومية (من خلال التعدين) البالغ 900. في النهاية ، إلى حد ما ، يزيد فقدان العملات المعدنية من الندرة والقيمة.

ماذا يعني كون البيتكوين انكماشيا؟

Bitcoin هو أحد أصول العرض الثابت (بمعنى أن عرض العملات له حد خوارزمي) حيث لا يمكن إنشاء المزيد من العملات بمجرد طرح 21 مليون في التداول. حاليا ، تم تعدين ما يقرب من 90% من عملات البيتكوين ، ويتم فقدان حوالي 0.5% من إجمالي العرض سنويا. نتيجة للانخفاض إلى النصف ، ستصل Bitcoin إلى الحد الأقصى للعرض حول 2140. الفائدة الأكثر وضوحا لنظام العرض الثابت هي أن مثل هذه الأنظمة انكماشية. الأصول الانكماشية هي الأصول التي ينخفض فيها إجمالي العرض بمرور الوقت ، وبالتالي تزداد قيمة كل وحدة. على سبيل المثال ، لنفترض أنك تقطعت بك السبل في جزيرة صحراوية مع 10 أشخاص آخرين ، وكل شخص لديه زجاجة مياه واحدة. نظرا لأن بعض الناس من المفترض أن يشربون مياههم ، فإن إجمالي إمدادات 100 زجاجة من المياه يمكن أن ينخفض فقط. هذا يجعل الماء أصلا انكماشيا. مع تقلص إجمالي العرض، تصبح كل زجاجة ماء أكثر قيمة بشكل متزايد. قل ، الآن ، لم يتبق سوى 20 زجاجة مياه. تبلغ قيمة كل زجاجة من زجاجات المياه ال 20 ما يعادل 5 زجاجات مياه كانت تساوي مرة واحدة عندما تم توزيع جميع زجاجات المياه ال 100. وبهذه الطريقة، يشهد حاملو الأصول الانكماشية على المدى الطويل زيادة في قيمة ممتلكاتهم لأن القيمة الأساسية بالنسبة للكل (في مثال زجاجة الماء، زجاجة واحدة من 100 تساوي 1%، في حين أن 1 من 20 تساوي 5%، مما يجعل قيمة كل زجاجة 5 أضعاف) قد زادت. بشكل عام ، فإن نموذج العرض الثابت والانكماش ، مثل الذهب الرقمي (خاصة فيما يتعلق بالبيتكوين على وجه التحديد) ، سيزيد من القيمة الأساسية لكل عملة أو رمز مميز بمرور الوقت ويخلق قيمة من خلال الندرة.

ما هو حجم البيتكوين؟

حجم التداول ، المعروف باسم "الحجم" ، هو عدد العملات المعدنية أو الرموز المميزة المتداولة خلال إطار زمني محدد. يمكن أن يظهر الحجم الصحة النسبية لعملة معينة أو السوق ككل. على سبيل المثال ، حتى كتابة هذه السطور ، يبلغ حجم Bitcoin (BTC) 24 ساعة من 46 مليار دولار ، بينما تم تداول Litecoin (LTC) ، في نفس الإطار الزمني ، بقيمة 7 مليارات دولار. غير أن هذا الرقم في حد ذاته تعسفي إلى حد ما. الوسيلة الموحدة للمقارنة داخل الحجم هي النسبة بين القيمة السوقية والحجم. على سبيل المثال ، استمرارا للعملتين أعلاه ، تبلغ القيمة السوقية لعملة البيتكوين 1.1 تريليون دولار وحجم 46 مليار دولار ، مما يعني أنه تم تداول دولار واحد من كل 24 دولارا على الشبكة خلال ال 24 ساعة الماضية. تبلغ القيمة السوقية ل Litecoin 16.7 مليار دولار وحجم 24 ساعة من 7 مليارات دولار ، مما يعني أنه تم تداول 1 دولار من كل 2.3 دولار على الشبكة خلال ال 24 ساعة الماضية. من خلال فهم الحجم ، يمكن فهم المعلومات الأخرى حول العملة ، مثل الشعبية والتقلب والمنفعة وما إلى ذلك ، بشكل أفضل. يمكن العثور على معلومات حول حجم Bitcoin والعملات المشفرة الأخرى أدناه:

كوين ماركتكاب - coinmarketcap.com

كوين جيكو – coingecko.com

كيف يتم تعدين البيتكوين؟

يتم تعدين البيتكوين من خلال تطبيق العقد (العقد ، للتلخيص ، هي أجهزة كمبيوتر في الشبكة). تحل العقد مشاكل التجزئة المعقدة ، ويكافأ مالكو العقد بما يتناسب مع مقدار العمل (وبالتالي إثبات العمل) المنجز. بهذه الطريقة ، يمكن لأصحاب العقد (الذين يطلق عليهم عمال المناجم) تعدين البيتكوين.

هل يمكنك الحصول على الدولار الأمريكي باستخدام البيتكوين؟

نعم! في السؤال أدناه مباشرة ، ستتعرف على الأزواج. يمكن تحويل العملات الورقية من وإلى Bitcoin من خلال زوج من العملات المشفرة. زوج البيتكوين إلى الدولار الأمريكي هو BTC / USD. الدولار الأمريكي هو عملة التسعير للبيتكوين والعملات الأخرى ، مما يعني أن الدولار الأمريكي هو المعيار الذي تتم مقارنة العملات المشفرة الأخرى به. هذا هو السبب في أنك قد تقول "وصلت Bitcoin إلى 50,000" بينما وصلت Bitcoin للتو إلى قيمة تعادل 50,000 دولار أمريكي.

ما هو زوج البيتكوين؟

تعمل جميع العملات المشفرة في أزواج. الزوج هو مزيج من عملتين مشفرتين تسمح بتبادل مثل هذه العملات المشفرة. يسمح زوج BTC / ETH (التشفير إلى التشفير) بتبادل Bitcoin مقابل Ethereum ، والعكس صحيح. يسمح زوج BTC / USD (التشفير إلى الورق) لبيتكوين بالتبادل مقابل الدولار الأمريكي ، والعكس صحيح. نظرا للكمية الكبيرة من العملات المشفرة الأصغر ، يركز سوق الصرف على عدد قليل من العملات المشفرة الكبيرة التي بدورها تتبادل في أي شيء آخر. على سبيل المثال ، قد لا يوجد زوج من Celo (CGLD) إلى Fetch.ai (FET) ، ولكن يسمح زوج CGLD / BTC وزوج BTC / FET بتحويل CGLD إلى FET. ببساطة ، الأزواج هي الويب الذي يربط الأصول المختلفة. تسمح الأزواج أيضا بالمراجحة ، والتي يتم تداولها على الفرق في أسعار الأزواج بين البورصات والأسواق المختلفة.

هل البيتكوين أفضل من الإيثريوم؟

الفرق الرئيسي بين Bitcoin و Etherem هو عرض القيمة. تم إنشاء Bitcoin كمخزن للقيمة ، قريب من الذهب الرقمي ، بينما تعمل Ethereum كمنصة يتم من خلالها إنشاء التطبيقات اللامركزية (dApps) والعقود الذكية (مدعومة برمز ETH ولغة برمجة Solidity). نظرا لأن ETH ضروري لتشغيل dApps على Ethereum blockchain ، فإن قيمة ETH مرتبطة إلى حد ما بالمنفعة. في جملة واحدة ؛ البيتكوين هي عملة، في حين أن الإيثريوم هي تقنية، وفي هذا الصدد لم يتم إنشاء إيثريوم كمنافس للبيتكوين، بل لاستكمالها والبناء إلى جانبها. لهذا ، فإن السؤال أيهما أفضل يشبه مقارنة تفاحة باللبنة. كلاهما رائع في ما يفعلانه واختيار أحدهما على الآخر هو اختيار عرض القيمة على الآخر (على سبيل المثال: نحن بحاجة إلى التفاحة للطعام ، ولكن الطوب لإنشاء مأوى) ، والسؤال الذي لا يحتوي على إجابة واضحة أو متفق عليها.

هل يمكنك شراء الأشياء باستخدام البيتكوين؟

تمثل Bitcoin إحساسا مشتركا بالقيمة. يمكن التعامل مع القيمة واستبدالها بعناصر ذات قيمة مكافئة أو قريبة من القيمة المكافئة ، تماما مثل أي عملة أخرى. على الرغم من ذلك ، من الصعب جدا أو المستحيل شراء معظم الأشياء مباشرة باستخدام Bitcoin (ومع ذلك ، فإن الخيارات موجودة وتتوسع بسرعة). بالطبع ، يمكن للمرء دائما استبدال Bitcoin بعملته المحددة واستخدام العملة لشراء الأشياء ، ولكن يبقى السؤال: لماذا لا يمكنك حتى الآن استخدام Bitcoin لشراء أي عناصر قد تدفع ثمنها باستخدام طرق الدفع الرقمية الأخرى؟ مثل هذا السؤال معقد ، ولكن في الغالب يتعلق بحقيقة أن النظام القائم للعملات المدعومة من الحكومة قد نجح لفترة طويلة ، في حين أن العملات المشفرة جديدة وتعمل خارج سيطرة الحكومة ونفوذها. تشير الاتجاهات الحالية إلى دمج العملات المشفرة إلى حد كبير في تجار التجزئة وتجار الجملة والبائعين المستقلين عبر الإنترنت (وإلى حد ما ، دون اتصال بالإنترنت) (من خلال التكامل مع معالجات الدفع ، مثل Stripe و PayPal و Square وما إلى ذلك). بالفعل ، مايكروسوفت (في متجر Xbox) ، هوم ديبوت (عبر فليكسا) ، ستاربكس (عبر Bakkt) ، هول فودز (عبر Spedn) ، والعديد من الشركات الأخرى تقبل بيتكوين. نقاط التحول هي تجار التجزئة الرئيسيين عبر الإنترنت الذين يقبلون Bitcoin (Amazon و Walmart و Target وما إلى ذلك) والنقطة التي تتبنى فيها الحكومات أو تقاوم العملات المشفرة كطريقة دفع.

ما هو تاريخ البيتكوين؟

في عام 1991 ، تم تصور سلسلة من الكتل المؤمنة بشكل مشفر لأول مرة. بعد ما يقرب من عقد من الزمان ، في عام 2000 ، نشر Stegan Knost نظريته حول سلاسل التشفير المضمونة ، بالإضافة إلى أفكار للتنفيذ العملي وبعد 8 سنوات من ذلك ، أصدر ساتوشي ناكاموتو ورقة بيضاء (ورقة بيضاء عبارة عن تقرير ودليل شامل) أنشأت نموذجا ل blockchain. في عام 2009 ، نفذ ناكاموتو أول blockchain ، والذي تم استخدامه كدفتر الأستاذ العام للمعاملات التي تتم باستخدام العملة المشفرة التي طورها ، والتي يطلق عليها Bitcoin. أخيرا ، في عام 2014 ، بدأت حالات استخدام شبكات blockchain و blockchain في التطور خارج العملة المشفرة ، وبالتالي فتح إمكانيات Bitcoin و blockchain للعالم الأوسع.

كيف تشتري بيتكوين؟

يمكن شراء Bitcoin بشكل أساسي من خلال البورصات والاحتفاظ بها ، لاحقا ، في البورصة أو في محفظة. التبادلات الشعبية للمستخدمين الأمريكيين والعالميين مذكورة أدناه:

لنا

coinbase.com - Coinbase (الأفضل للمستثمرين الجدد)

paypal.com - PayPal (سهل لمن يستخدمون PayPal بالفعل)

binance.us - Binance US (الأفضل للعملات البديلة والمستثمرين المتقدمين)

bisq.network - Bisq (اللامركزية)

عالمي (غير متوفر / وظائف محدودة في الولايات المتحدة)

binance.com - Binance (الأفضل بشكل عام)

huobi.com- Huibo Global (معظم العروض)

7 ب - sevenb.io (سهل)

crypto.com - Crypto.com (بأقل الرسوم)

بمجرد إنشاء حساب في البورصة ، يمكن للمستخدمين تحويل العملة الورقية إلى الحساب لشراء العملات المشفرة المطلوبة.

هل البيتكوين استثمار جيد؟

من الناحية التاريخية ، تعد Bitcoin واحدة من أفضل الاستثمارات في العقد الماضي ؛ كان معدل العائد المركب حوالي 200٪ سنويا و 10 دولارات تم وضعها في Bitcoin في عام 2010 بقيمة 7.6 مليون دولار اليوم (عائد مذهل على الاستثمار يبلغ 76،500،000٪). ومع ذلك ، فإن العوائد السريعة التي حققتها Bitcoin في الماضي لا يمكن أن تحافظ على نفسها إلى أجل غير مسمى ، ومسألة ما إذا كانت Bitcoin ستكون استثمارا جيدا هي مسألة أخرى تماما. بشكل عام ، تجعل الحقائق حاليا Bitcoin عقدا جيدا على المدى الطويل ، خاصة إذا كنت تؤمن بالاتجاهات المتسارعة للامركزية و blockchain. ومع ذلك ، فإن عددا من أحداث البجعة السوداء يمكن أن تلحق أضرارا جسيمة ببيتكوين ، ويمكن لعدد من المنافسين تجاوز مكان بيتكوين. يجب أن تكون مسألة ما إذا كنت ستستثمر مدعومة بالحقائق ، ولكن بناء عليك: مقدار المخاطرة التي ترغب في تحملها ، ومقدار المال الذي يمكنك وترغب في المخاطرة به ، وما إلى ذلك. لذا ، هل تبحث ، وتفكر بعقلانية قدر الإمكان ، وتتخذ قرارات تداول لن تندم عليها.

هل ستتعطل عملة البيتكوين؟

Bitcoin هو أصل دوري للغاية ويميل إلى الانهيار بانتظام. بالنسبة لحاملي البيتكوين على المدى الطويل ، من المحتمل جدا حدوث أعطال مفاجئة وفترات دب مستمرة. تحطمت عملة البيتكوين بنسبة 80٪ أو أكثر (وهو رقم يعتبر كارثيا في الأسواق الأخرى) ثلاث مرات مختلفة منذ عام 2012 ؛ في جميع الحالات ، ارتدت بسرعة. كل هذا يرجع جزئيا إلى أن Bitcoin لا تزال في مرحلة اكتشاف الأسعار وتنمو بسرعة من حيث التبني ، لذلك فإن التقلبات متفشية. باختصار ؛ من الناحية التاريخية ، في حين أن Bitcoin ستنهار بلا شك ، إلا أنها ستتعافى بلا شك.

ما هو نظام إثبات العمل الخاص بالبيتكوين؟

يتم استخدام خوارزمية إثبات العمل لتأكيد المعاملات وإنشاء كتل جديدة على blockchain معين. PoW ، بمعنى إثبات العمل ، يعني حرفيا أن العمل (من خلال المعادلات الرياضية) مطلوب لإنشاء كتل. الأشخاص الذين يقومون بالعمل هم عمال مناجم ، ويكافأ عمال المناجم على جهودهم الحسابية من خلال الإنصاف.

ما هو تنصيف البيتكوين؟

النصف هو آلية توريد تحكم معدل إضافة العملات المعدنية إلى عملة مشفرة ذات عرض ثابت. تم تعميم الفكرة والعملية بواسطة Bitcoin ، والتي تنخفض إلى النصف كل 4 سنوات. يتم تحريك النصف من خلال تخفيض مبرمج في مكافآت التعدين ؛ مكافآت الكتلة هي المكافآت الممنوحة لعمال المناجم (حقا ، أجهزة الكمبيوتر) التي تعالج المعاملات وتتحقق من صحتها في شبكة blockchain معينة. من عام 2016 إلى عام 2020 ، كسبت جميع أجهزة الكمبيوتر (تسمى العقد) في شبكة Bitcoin مجتمعة 12.5 بيتكوين كل 10 دقائق ، وكان هذا هو عدد عملات البيتكوين التي تدخل التداول. ومع ذلك ، بعد 11 مايو 2020 ، انخفضت المكافآت إلى 6.25 بيتكوين في نفس الإطار الزمني. وبهذه الطريقة ، مقابل كل 210,000 كتلة يتم تعدينها ، وهو ما يعادل كل أربع سنوات تقريبا ، ستستمر مكافآت الكتلة في الانخفاض إلى النصف حتى يتم الوصول إلى الحد الأقصى البالغ 21 مليون قطعة نقدية في عام 2040. وبالتالي ، من المرجح أن يؤدي خفض النصف إلى زيادة قيمة البيتكوين والعملات المشفرة الأخرى عن طريق تقليل العرض مع عدم تغيير الطلب. الندرة ، كما ذكرنا ، تدفع القيمة ، والعرض المحدود جنبا إلى جنب مع الطلب المتزايد يخلق ندرة أكبر وأكبر. لهذا السبب ، أدى التنصيف تاريخيا إلى ارتفاع سعر البيتكوين ومن المحتمل أن يكون محفزا للنمو على المدى الطويل. الرقم الفضل إلى medium.com.

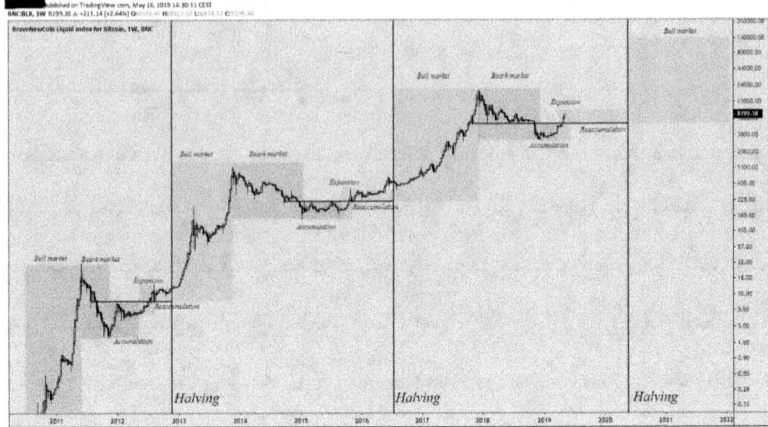

https://medium.com/coinmonks/how-the-bitcoin-halving-impacts-bitcoins-price-ac7ba87706f1 [24]

لماذا البيتكوين متقلب؟

لا تزال Bitcoin في "مرحلة اكتشاف الأسعار" مما يعني أن السوق ينمو بسرعة كبيرة لدرجة أن القيمة الحقيقية للبيتكوين لا تزال غير معروفة. لذلك ، فإن القيمة المتصورة تدير السوق (يعززها عدم وجود أي منظمة لإدارة تقلبات البيتكوين) وتتأثر القيمة المتصورة بسهولة بالأخبار والشائعات وما إلى ذلك. في النهاية ، ستصبح Bitcoin أقل تقلبا ، لكن الأمر قد يستغرق بالتأكيد بعض الوقت.

هل يجب أن أستثمر في البيتكوين؟

مسألة ما إذا كان يجب عليك الاستثمار في Bitcoin ليست مسألة Bitcoin فحسب ، بل تتعلق بك. تحمل Bitcoin مخاطر متأصلة ، كونها أصلا مضاربا ومتقلبا ، وعلى الرغم من أن الاتجاه الصعودي المحتمل هائل ، يجب مراعاة سيف المخاطرة والمكافأة ذي الحدين. أفضل شيء يمكنك القيام به هو معرفة أكبر قدر ممكن عن Bitcoin و cryptocurrencies و blockchain (بالإضافة إلى الاتجاهات في مثل هذه الموضوعات والتطورات في العالم الحقيقي) ، ودمج هذه المعلومات في تحملك للمخاطر ، والوضع المالي ، وأي متغيرات أخرى قد تؤثر على قرارك الاستثماري.

كيف أستثمر بنجاح في البيتكوين؟

ستساعدك قواعد 5 هذه على الاستثمار بنجاح في Bitcoin ، حيث أن المال والتداول هما تجربتان عاطفيتان:

- ❖ لا شيء يدوم إلى الأبد
- ❖ لا ، كان ينبغي ، يمكن أن يكون
- ❖ لا تكن عاطفيا
- ❖ نوع
- ❖ الأسعار لا تهم

لا شيء يدوم إلى الأبد

حتى كتابة هذه السطور في أوائل عام 2021 ، كان سوق العملات المشفرة في فقاعة. يقال هذا كمتفائل بالتشفير. العوائد المذهلة التي يحققها الناس والاتجاهات الصعودية المذهلة لجميع العملات تقريبا هي ببساطة غير مستدامة. إذا استمر هذا إلى الأبد ، يمكن لأي شخص وضع المال في أي شيء وتحقيق ربح هائل. هذا لا يعني أن السوق سيصل إلى الصفر أو أن المفاهيم التي تدفع النمو ستفشل. أنا ببساطة أوضح أنه في مرحلة ما ، سيتباطأ النمو الهائل. قد يكون هذا بطيئا وتدريجيا ، أو سريعا ، كما في حالة الانهيار السريع. تاريخيا ، عملت Bitcoin من خلال دورات تنطوي على عمليات صعود ضخمة ، حدث أكبرها في أواخر عام 2017 ، من مارس إلى يوليو من عام 2019 ، ومرة أخرى من نوفمبر 2020 إلى وقت كتابة هذه السطور ، أبريل 2021. في عمليات الصعود المذكورة ، على التوالي ، ارتفعت عملة البيتكوين بمقدار 15 ضعفا تقريبا (2017) ، و 3 أضعاف (2019) ، والآن ، في الاتجاه الصعودي الحالي ، 10 أضعاف والعد. في الحالة السابقة التي ارتفعت فيها عملة البيتكوين بأكثر من 15 ضعفا ، تم إنفاق الجزء

الأفضل من العام التالي على الانهيار من 20 ألفا إلى 4 آلاف. هذا يدعم فكرة دورات Bitcoin المذكورة ، والتي لها أولا اتجاه صعودي هائل ، ثم تنهار إلى قيعان أعلى. هذا يعني عدة أشياء: أولا ، إنه رهان جيد للاحتفاظ به إذا تحطمت عملة البيتكوين. ثانيا ، إذا ارتفعت Bitcoin وسوق التشفير أثناء قراءة هذا ، فمن المحتمل أن تنخفض في مرحلة ما في السنوات القليلة المقبلة. إذا كان ينخفض أثناء قراءة هذا ، فمن المحتمل أن يرتفع بطريقة هائلة حقا في السنوات القليلة المقبلة. بطبيعة الحال ، فإن النظام البيئي للسوق عرضة للتغيير ، ولكن هذه هي النقطة الدقيقة التي يجب توضيحها. بافتراض أن العملات المشفرة تصل إلى اعتماد جماعي وتصبح جزءا لا يتجزأ من جميع جوانب المال والأعمال والحياة العامة ، *فسيتعين عليها الاستقرار* في مرحلة ما. قد تكون هذه النقطة في عام 2021 أو 2023 أو 2030. من المرجح أن ينهار ويرتفع عدة مرات قبل أن يستقر في سوق أقل تقلبا إلى حد ما ، على الأقل مقارنة بنفسه السابق.

لا ، كان ينبغي ، يمكن أن يكون

هذه القاعدة مأخوذة من تاجر أسهم شهير وأسطوري ومضيف برنامج *Mad Money* ، جيم كرامر. يعمل هذا المفهوم في جميع الاستثمارات ، ناهيك عن جميع مناحي الحياة ، ويرتبط بحكم #31. يتم تمثيل الفكرة من خلال لا ، لا ينبغي أن يكون ، ولا يمكن أن يكون. هذا يعني أنه إذا قمت بإجراء صفقة سيئة ، خذ بضع دقائق للتفكير في كيفية التعلم منها وتحسينها ؛ ثم ، بعد تلك الدقائق القليلة ، لا تفكر فيما كنت *ستفعله* ، أو ما كان يجب *عليك فعله* ، أو ما كان *يمكنك فعله*. سيسمح لك ذلك بالتعلم والتحسين مع الحفاظ على العقل في نفس الوقت ، لأنه في نهاية اليوم ، كان بإمكانك دائما القيام بذلك بشكل أفضل. لا تضغط على نفسك بشأن الخسائر ولا تدع الانتصارات تصل إلى رأسك.

لا تكن عاطفيا

العاطفة هي نقيض التداول الفني. يعتمد التداول الفني على الإجراءات الحالية والمستقبلية على البيانات التاريخية ، وللأسف ، لا يهتم السوق بما تشعر به. العاطفة ، في أكثر الأحيان ("لا" ببساطة بسبب الحدوث العشوائي لاتخاذ قرار جيد من خلال عملية سيئة) ستؤذيك فقط وتزيل استراتيجيات التداول التي طورتها. بعض الناس مرتاحون بشكل طبيعي للمخاطر والأفعوانية العاطفية للتداول. إذا لم تكن كذلك ، فقد تفكر في التعرف على سيكولوجية التداول (لأن فهم العواطف هو سلف للقبول والعقلانية والتحكم) وببساطة عن طريق منح نفسك الوقت. لا يزال التحليل الأساسي والتداول على المدى المتوسط إلى الطويل يتطلب كل هذا ، ولكن بدرجة أقل.

نوع

التنويع يقاوم المخاطر. وكما نعلم ، فإن التشفير محفوف بالمخاطر. في حين أن أي شخص يستثمر في العملات المشفرة يفترض ويبحث على الأرجح عن مستوى معين من المخاطرة (بسبب مبدأ المفاضلة بين المخاطرة والعائد) ، فإن لديك (على الأرجح) مستوى معينا من المخاطر لا تشعر بالراحة تجاهه. يساعدك التنويع على البقاء ضمن الحد الأقصى للمخاطر. على الرغم من أنني لا أستطيع التحدث عن وضعك الفريد ، إلا أنني أوصي أي مستثمر تشفير بالحفاظ على محفظة متنوعة إلى حد ما ، بغض النظر عن مدى إيمانك بالمشروع. يجب تقسيم تخصيص الأموال (عادة) بين بدائل Bitcoin أو Etherium أو ETH (مثل Cardano و BNB وما إلى ذلك) والعملات البديلة المختلفة ، إلى جانب بعض النقود. بينما تختلف النسب المئوية الدقيقة اعتمادا على الموقف الفردي (10/30/25/35 ، 5/10/25/60 ، 20/40/20/20 ، إلخ) ، يتفق معظم المحترفين على أن هذه هي الطريقة الأكثر استدامة للاستثمار ، وتحقيق المكاسب عبر السوق ، وتقليل فرص فقدان نسبة كبيرة من محفظتك بسبب قرار واحد أو بضعة قرارات خاطئة. ومع ذلك ، بعد كل ما قيل ، فإن بعض المستثمرين يضعون الأموال فقط في واحد أو اثنين من أفضل 50 عملة مشفرة ويضعون غالبية أموالهم في العملات البديلة ذات رؤوس

الأموال الصغيرة. في نهاية اليوم ، ضع استراتيجية تناسب وضعك ومواردك وشخصيتك ، ثم قم بالتنويع ضمن حدود تلك الاستراتيجية.

السعر لا يهم

السعر غير ذي صلة إلى حد كبير حيث يمكن تحديد العرض والسعر الأولي. فقط لأن عملة Binance (BNB) بسعر 500 دولار و Ripple (XRP) بسعر 1.80 دولار لا يعني أن XRP تساوي 277x BNB ؛ في الواقع ، تقع العملتان حاليا في حدود 10٪ من القيمة السوقية لبعضهما البعض. عندما يتم إنشاء عملة مشفرة لأول مرة ، يتم تعيين العرض من قبل الفريق وراء الأصل ؛ قد يختار الفريق إنشاء 1 تريليون قطعة نقدية ، أو 10 ملايين. لذلك ، بالنظر إلى XRP و BNB ، يمكننا أن نرى أن Ripple لديها ما يقرب من 45 مليار قطعة نقدية متداولة وأن Binance Coin لديها 150 مليون. بهذه الطريقة ، لا يهم السعر حقا. يمكن أن تساوي العملة المعدنية بسعر 0.0003 دولار أكثر من عملة معدنية بسعر 10,000 دولار من حيث القيمة السوقية ، والعرض المتداول ، والحجم ، والمستخدمين ، والمرافق ، وما إلى ذلك. السعر أقل أهمية بسبب كسور الأسهم ، مما يتيح للمستثمرين استثمار أي مبلغ من المال في عملة معدنية أو رمز مميز بغض النظر عن السعر. العديد من المقاييس الأخرى أكثر أهمية ويجب أخذها في الاعتبار قبل السعر بوقت طويل. ومع ذلك ، يمكن أن تؤثر الأسعار على حركة السعر نتيجة لعلم النفس. على سبيل المثال: تتمتع Bitcoin بمقاومة قوية عند 50000 دولار وقد يأتي الكثير من هذه المقاومة من حقيقة أن 50000 دولار هو رقم دائري لطيف يضع العديد من الأشخاص أوامر شراء وأوامر بيع به. من خلال مثل هذه المواقف وغيرها ، يعد علم النفس جزءا قابلا للتطبيق من حركة السعر ، وبالتالي التحليل.

هل للبيتكوين قيمة جوهرية؟

لا ، ليس للبيتكوين قيمة جوهرية. لا شيء عن Bitcoin يتطلب أن يكون لها قيمة. بدلا من ذلك ، يتم إنشاء القيمة بواسطة المستخدم. ومع ذلك ، من خلال هذا التعريف ، فإن جميع عملات العالم غير المدعومة بمعيار الذهب أو الفضة ليس لها أيضا قيمة جوهرية (بخلاف الاستخدام المادي ، وهو أمر غير مهم). لذلك ، بمعنى ما ، كل الأموال لها أي درجة من القيمة فقط لأننا نتفق على أنها كذلك ، وأي حجج ضد أو لصالح استخدام Bitcoin بسبب افتقارها إلى القيمة الجوهرية يجب أن تطبق أيضا على العملات الورقية.

هل يتم فرض ضرائب على البيتكوين؟

كما يقول المثل ، لا يمكننا تجنب الضرائب ، ومثل هذه الفكرة تنطبق بالتأكيد على العملة المشفرة على الرغم من الطبيعة المجهولة وغير المنظمة للصناعة. للحصول على معلومات أكثر دقة ، يجب عليك زيارة موقع الويب الخاص بمؤسسة تحصيل الضرائب الخاصة بك لمعرفة المزيد حول ضريبة العملة الرقمية في بلدك. ومع ذلك ، فإن المعلومات التالية تسلط الضوء على القواعد التي وضعتها الولايات المتحدة:

• في عام 2014 ، أعلنت مصلحة الضرائب أن العملات الافتراضية هي ملكية وليست عملة.

• إذا تم استلام العملات المشفرة كدفعة مقابل السلع أو الخدمات ، فيجب فرض ضريبة على القيمة السوقية العادلة (بالدولار الأمريكي) كدخل.

• إذا كنت تحتفظ بعملة معدنية أو رمز مميز لأكثر من عام ، تصنيفها على أنها مكاسب طويلة الأجل ، وإذا قمت بشرائها وبيعها في غضون عام ، فهذا مكسب قصير الأجل. تخضع المكاسب قصيرة الأجل لضرائب أعلى من المكاسب طويلة الأجل.

• يعتبر الدخل من تعدين العملات الافتراضية دخلا للعمل الحر (على افتراض أن الفرد المعين ليس موظفا) ويخضع لضريبة العمل الحر وفقا للقيمة المكافئة العادلة للعملات الرقمية بالدولار الأمريكي. يمكن التعرف على ما يصل إلى 3000 دولار من الخسائر.

• عند بيع العملات الرقمية، تخضع الأرباح أو الخسائر لضريبة أرباح رأس المال (حيث تعتبر العملات الرقمية ملكية) تماما كما لو تم بيع الأسهم.

هل يتم تداول البيتكوين 7/24؟

تعمل Bitcoin 24/7. هذا ، في جزء كبير منه ، يرجع إلى حقيقة أنه من المفترض استخدامه في جميع أنحاء العالم ، كأداة عابرة للقارات حقا ، وبالنظر إلى المناطق الزمنية ، فإن أي شيء سوى عملية 24 / 7 لن يفي بهذه المعايير. كما أنه لا يوجد أي حافز لعدم القيام بذلك.

هل تستخدم البيتكوين الوقود الأحفوري؟

نعم ، تستخدم Bitcoin الحقول الأحفورية. في الواقع ، وجدت العديد من محطات توليد الطاقة التي تعمل بالوقود الأحفوري حياة جديدة في توفير الطاقة اللازمة لتعدين العملات المشفرة. تستخدم Bitcoin نفس القدر من الطاقة التي تستخدمها دولة صغيرة من خلال المتطلبات الحسابية البحتة ، أي ما يعادل حوالي 0.55٪ من إنتاج الكهرباء العالمي. من الواضح أن مستخدمي Bitcoin وعمال المناجم لا يرغبون في استخدام الوقود الأحفوري والانتقال إلى مصادر الطاقة المتجددة هو هدف رئيسي ، ولكن يمكن قول الشيء نفسه عن قيادة السيارات التي تعمل بالغاز والعديد من الأنشطة اليومية الأخرى التي تستهلك وقودا أحفوريا أكثر من Bitcoin. المشكلة حقا تأتي إلى الرأي. أولئك الذين يرون بيتكوين كقوة رائدة في العالم تساعد الناس في النظم الإيكولوجية المالية غير المستقرة وتمكن قدرا أكبر من الأمان والخصوصية في المعاملات لن يهتموا باستخدام الطاقة العالمي بنسبة 0.55٪ (خاصة بالنظر إلى الوعد بانتقال طويل الأجل إلى الطاقة النظيفة)، في حين أن أولئك الذين ينظرون إلى بيتكوين على أنها عديمة القيمة أو عملية احتيال من المرجح أن يشعروا بالعكس تماما. تجدر الإشارة إلى أن بعض بدائل العملات المشفرة أقل كثافة في الكربون من Bitcoin (Cardano ، ADA) ، أو محايدة للكربون (Bitgreen ، BITG) ، أو سلبية الكربون (eGold ، EGLD).

هل ستصل عملة البيتكوين إلى 100 ألف؟

من المرجح أن تصل عملة البيتكوين إلى 100000 دولار لكل عملة. هذا لا يعني أنه سيحدث قريبا ، أو أنه شيء مؤكد. فقط تلك البيانات حول الطبيعة الانكماشية للبيتكوين ، والعوائد التاريخية ، واتجاهات التبني (إذا كنت مهتما ، فابحث في منحنى "S" في التكنولوجيا) ، والتضخم الورقي يجعل زيادة الأسعار إلى 100000 دولار محتملة. السؤال المهم ليس ما إذا كان سيصل إلى 100000 دولار ، ولكن متى سيصل إلى 100000 دولار. معظم هذه التقديرات هي ، في أحسن الأحوال ، تكهنات مستنيرة.

هل ستصل عملة البيتكوين إلى 1 مليون؟

على عكس 100000 دولار ، فإن وصول عملة البيتكوين إلى مليون دولار يتطلب بعض النطاق الجاد. قال الرئيس التنفيذي لشركة eToro Iqbal Grandha إن Bitcoin لن تحقق إمكاناتها حتى تبلغ قيمتها 1 مليون دولار لكل عملة ، لأنه في ذلك الوقت سيكون كل ساتوشي (وهو أصغر قسم يمكن تقسيم Bitcoin إليه) بقيمة 1 سنت دولار. بالنظر إلى وفورات الحجم وإمكانية التبني الجماعي في جميع أنحاء العالم (في مثل هذه الحالة ، ستعمل Bitcoin كعملة احتياطية عالمية) ، فمن الممكن أن يصل السعر إلى 1 مليون دولار. ومع ذلك ، يمكن لعملة مشفرة أخرى أن تأخذ هذا المكان بنفس السهولة ، بالإضافة إلى العملات المستقرة المدعومة من الحكومة أو العملات الرقمية. في تركيبة ، تجدر الإشارة إلى أن العملات الورقية تضخمية ، وبيتكوين انكماشية. ديناميكية السعر هذه تجعل 1 مليون دولار أكثر احتمالا على المدى الطويل. ومع ذلك ، في النهاية ، يمكن لأي شخص تخمين ما يجب أن يحدث ، ولا يزال تقييم 1 مليون دولار لكل عملة مضاربة.

هل ستستمر عملة البيتكوين في الارتفاع بهذه السرعة؟

لا. إنه مستحيل حرفيا. أعادت Bitcoin المستثمرين بنسبة 200%[25] تقريبا سنويا على مدار السنوات العشر الماضية ، والتي تصل إلى عائد بنسبة 5.2 مليون في المائة على مدار العقد. بالنظر إلى القيمة السوقية للبيتكوين في وقت كتابة هذا التقرير ، فإن الزيادة المركبة المستمرة بنسبة 200% ستتجاوز العرض النقدي الكامل للعالم في غضون 4 إلى 5 سنوات. لذلك ، في حين أنه من الممكن تماما أن تستمر Bitcoin في الارتفاع ، فإن معدل النمو الحالي غير مستدام للغاية. وعلى المدى الطويل، يجب أن يستقر النمو ومن المرجح أن تنخفض التقلبات.

---

[25] 196.7% ، كما حسبت بواسطة CaseBitcoin

ما هي شوكات البيتكوين؟

الشوكة هي حدوث blockchain جديد يتم إنشاؤه من blockchain آخر. كان لدى Bitcoin 105 شوكة ، أكبرها هو Bitcoin Cash الحالي. تحدث الشوكات عندما يتم تقسيم الخوارزمية إلى نسختين مختلفتين. يوجد نوعان من الشوك. الهارد فورك هو شوكة تحدث عندما تقوم جميع العقد في الشبكة بالترقية إلى إصدار أحدث من blockchain وترك الإصدار القديم وراءها ؛ ثم يتم إنشاء مسارين: الإصدار الجديد والإصدار القديم. تتناقض الشوكة الناعمة مع هذا عن طريق جعل الشبكة القديمة غير صالحة ؛ ينتج عن هذا سلسلة كتل واحدة فقط.

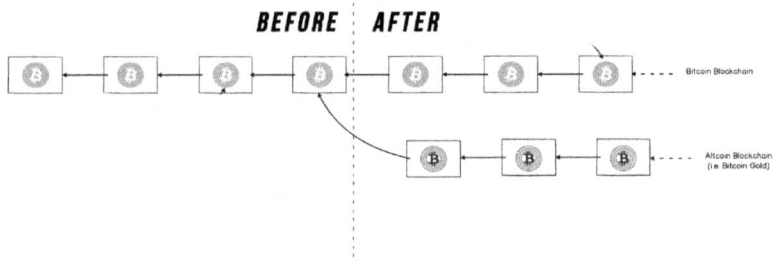

[26]

[26] استنادا إلى صورة بواسطة Egidio.casati ، CC BY-SA 4.0
<https://creativecommons.org/licenses/by-sa/4.0>

لماذا تتقلب البيتكوين؟

كما هو الحال مع سوق الأسهم ، ترتفع الأسعار وتنخفض حسب الطلب والعرض. الطلب والعرض ، بدورهما ، يتأثران بتكلفة إنتاج البيتكوين على blockchain ، والأخبار ، والمنافسين ، والحوكمة الداخلية ، والحيتان (كبار الحائزين). للحصول على معلومات حول سبب تقلب Bitcoin كما هو ، يرجى الرجوع إلى العديد من الأسئلة الأخرى حول هذا الموضوع.

كيف تعمل محافظ البيتكوين؟

محفظة التشفير هي الواجهة المستخدمة لإدارة مقتنيات العملات المشفرة. محفظة Coinbase و Exodus هي محافظ شائعة. الحساب ، بدوره ، هو زوج من المفاتيح العامة والخاصة التي يمكنك من خلالها التحكم في أموالك ، والتي يتم تخزينها على blockchain. ببساطة ، المحافظ هي حسابات تخزن ممتلكاتك لك ، تماما مثل البنك.

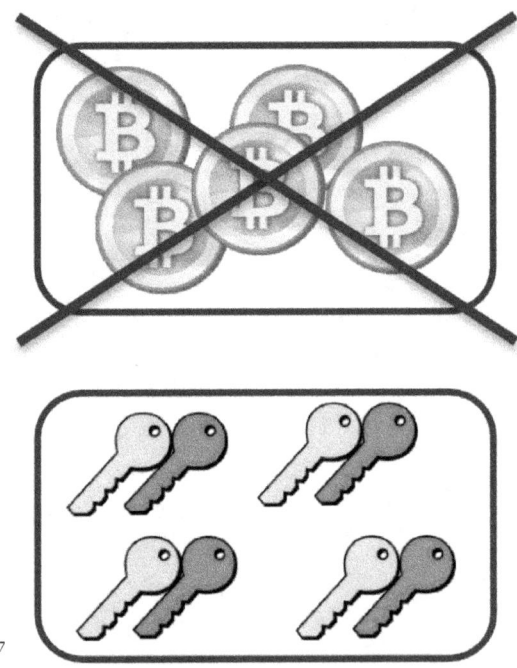

[27]

* المحافظ لا تحتوي على عملات معدنية. تحتوي المحافظ على أزواج من المفاتيح الخاصة والعامة ، والتي توفر الوصول إلى المقتنيات.

---

[27] ماتيوس واندر / CC BY-SA 3.0)

هل تعمل البيتكوين في جميع البلدان؟

Bitcoin هي شبكة لامركزية من أجهزة الكمبيوتر. جميع العناوين غير قابلة للحظر وبالتالي يمكن الوصول إليها في أي مكان من خلال اتصال الويب. في البلدان التي تكون فيها Bitcoin غير قانونية (أكبرها الصين وروسيا)، كل ما يمكن للحكومة فعله هو اتخاذ إجراءات صارمة ضد البنية التحتية (خاصة مزارع التعدين) واستخدام Bitcoin. في أماكن مثل روسيا، لا يتم تنظيم Bitcoin فعليا، بل إن استخدام Bitcoin كدفع مقابل السلع والخدمات غير قانوني. تتبع معظم البلدان الأخرى هذا النموذج، لأنه، مرة أخرى، من المستحيل حظر Bitcoin نفسه. في الواقع، صرحت هيستر بيرس من هيئة الأوراق المالية والبورصات أن "الحكومات ستكون حمقاء لحظر بيتكوين". بالنظر إلى ذلك، يمكن التوصل إلى استنتاج مفاده أن Bitcoin يعمل في جميع البلدان، على الرغم من أنه في عدد قليل من الأشخاص غير القانوني امتلاك أو استخدام العملة.

كم عدد الأشخاص الذين لديهم بيتكوين؟

أفضل تقدير[28] حاليا يضع الرقم في حوالي 100 مليون حامل عالمي ، وهو ما يمثل ما يقرب من 1 من كل 55 بالغا. ومع ذلك ، فإن الرقم الحقيقي غير معروف ، نظرا للطبيعة المجهولة لشبكات التشفير. يمكن القول أن نمو المستخدمين في خانة العشرات العالية ، ولدى Bitcoin عدة مئات الآلاف من المعاملات يوميا ، وقد سمع 2 + مليار شخص عن Bitcoin ، ويوجد حوالي نصف مليار عنوان Bitcoin في المجموع.

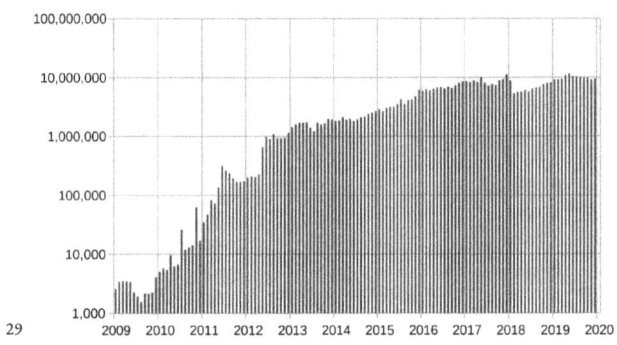

[29]

* عدد معاملات البيتكوين شهريا، اعتبارا من عام 2020.

---

28 buybitcoinworldwide.com

29 لاديسلاف ميسير / CC BY-SA 4.0

من لديه أكبر عدد من البيتكوين؟

يمتلك مؤسس البيتكوين الغامض ، ساتوشي ناكاموتو ، معظم عملات البيتكوين. يمتلك 1.1 مليون BTCs عبر محافظ متعددة ، مما يمنحه ثروة صافية بعشرات المليارات. إذا وصلت عملات البيتكوين إلى 180,000 دولار ، فسيصبح ساتوشي ناكاموتو أغنى شخص على وجه الأرض. بعد ساتوشي ناكاموتو، أصبح التوأم وينكلفوس ووكالات إنفاذ القانون المختلفة أكبر المالكين (أصبح مكتب التحقيقات الفيدرالي أحد أكبر مالكي البيتكوين بعد الاستيلاء على أصول طريق الحرير، وهو سوق للإنترنت تم إغلاقه في عام 2013).

هل يمكنك تداول البيتكوين باستخدام الخوارزميات؟

للإجابة على هذا السؤال ، سأدرج مقتطفا من كتاب آخر من كتبي حول التحليل الفني للعملات المشفرة. إنه يغطي جميع القواعد ويحتل أكثر من بضع صفحات ، لذلك إذا كنت تبحث عن إجابة قصيرة ، فسأقول إنه يمكنك ذلك ، لكن هذا صعب.

التداول الخوارزمي هو فن الحصول على جهاز كمبيوتر لكسب المال من أجلك. أو ، على الأقل ، هذا هو الهدف. يحاول متداولو Algo ، كما تقول اللغة العامية ، تحديد مجموعة من القواعد التي ، إذا تم استخدامها كأساس للتداول ، تحقق ربحا. عند اختيار هذه القواعد وتشغيلها ، ستقوم التعليمات البرمجية بتنفيذ أمر. على سبيل المثال: لنفترض أنك تحب التداول باستخدام عمليات الانتقال ذات المتوسط المتحرك الأسي (EMA's). عندما ترى EMA لمدة 12 يوما من Bitcoin يجتاز EMA لمدة 50 يوما ، فإنك تستثمر 0.01 بيتكوين. بعد ذلك ، عادة ما تبيع عندما تحقق ربحا بنسبة 5٪ أو ، إذا لم ينجح الأمر ، فإنك تقلل من خسائرك بنسبة 5٪. سيكون من السهل جدا تحويل استراتيجية التداول المفضلة هذه إلى قواعد تداول خوارزمية. يمكنك ترميز خوارزمية من شأنها تتبع جميع بيانات Bitcoin ، واستثمار 0.01 بيتكوين الخاص بك خلال تقاطع EMA المفضل لديك ، ثم البيع إما بربح 5٪ أو خسارة 5٪. ستعمل هذه الخوارزمية من أجلك أثناء نومك ، أثناء تناول الطعام ، حرفيا 7/24 أو خلال الوقت الذي تحدده. نظرا لأنه يتداول فقط تماما كما قمت بتعيينه ؛ أنت مرتاح جدا للمخاطر. حتى إذا كانت الخوارزمية تعمل فقط 51 من كل 100 صفقة ، فأنت من الناحية الفنية تحقق ربحا ويمكنك ببساطة الاستمرار إلى الأبد دون القيام بأي عمل. أو يمكنك الرجوع إلى المزيد من البيانات وتحسين الخوارزمية الخاصة بك للعمل 100/55 مرة ، أو 100/70. بعد عشر سنوات ، أصبحت الآن مليارديرا تجني المال كل ثانية من كل يوم بينما تحتسي العصير الاستوائي على شاطئ مشمس.

للأسف ، الأمر ليس بهذه السهولة ، ولكن هذا هو مفهوم التداول الخوارزمي. الجانب الافتراضي اللطيف حقا للتداول باستخدام آلة هو أن سقف الدخل لا حدود له عمليا (أو ، على الأقل ، قابل للتطوير بشكل كبير). النظر في الرسم البياني التالي. هذا تصور لخوارزمية تتداول 200 مرة في اليوم إذا تم استيفاء شروط معينة. ستخرج الخوارزمية من المركز إما بربح 5٪ أو خسارة 5٪ ، كما في المثال أعلاه. لنفترض أنك أعطيت الخوارزمية 10000 دولار للعمل معها ويتم وضع 100٪ من المحفظة في كل صفقة. يشير اللون الأحمر إلى صفقة غير مربحة (خسارة بنسبة 5٪) ويشير اللون الأخضر إلى صفقة جيدة ، ومكاسب بنسبة 5٪.

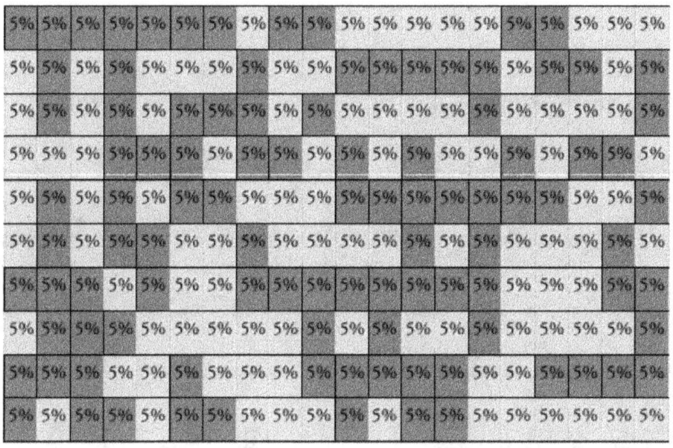

وفقا للرسم البياني ، هذه الخوارزمية صحيحة بنسبة 51٪ فقط من الوقت. في هذه اللحظة الأغلبية ، سيصبح استثمار 10,000 دولار 11,025 دولارا في يوم واحد فقط ، و 186,791.86 دولارا في 30 يوما ، وبعد عام كامل من التداول ، ستكون النتيجة 29,389,237,672,608,055,000 دولار. هذا هو 29 كوينتيليون دولار ، وهو ما يقرب من 783 ضعف القيمة الإجمالية لكل دولار أمريكي واحد في التداول. من الواضح أن هذا لن ينجح. ومع ذلك ، لنفترض الآن أن الخوارزمية ، وفقا لنفس القواعد ، تجعل التجارة مربحة بنسبة 50.1٪ فقط من الوقت ، مما يعني صفقة واحدة مربحة إضافية من كل 1000. بعد عام واحد ، ستتحول هذه الخوارزمية إلى 10,000 دولار إلى 14,400

دولار. بعد 10 سنوات ، أقل بقليل من 400,000 دولار ، وبعد 50 عاما ، 835,437,561,881.32 دولارا. هذا هو 835 مليار دولار (تحقق من ذلك بنفسك مع حاسبة الفائدة المركبة من Moneychimp)

هذا يبدو سهلا جدا. ما عليك سوى استخدام البيانات التاريخية لاختبار الخوارزميات حتى تجد واحدة مربحة بنسبة 50.1٪ على الأقل ، وتحصل على 10 آلاف دولار ، وسيصبح أطفالك من أصحاب الدولارات. للأسف ، هذا لا يعمل ، وإليك بعض التحديات التي تواجه المتداولين الخوارزميين:

اخطاء

التحدي الأكثر وضوحا هو إنشاء خوارزمية خالية من الأخطاء. العديد من الخدمات اليوم تجعل العملية أسهل بكثير ولا تتطلب الكثير من الخبرة في الترميز ، ولكن بعضها لا يزال يتطلب مستوى معينا من القدرة على الترميز والباقي درجة من المعرفة التقنية. كما أنا متأكد من أنه يمكنك أن تتخيل ، فإن أي خطأ في إنشاء خوارزمية يمكن أن يؤدي إلى انتهاء اللعبة.* لهذا السبب ربما لا يجب عليك ترميزها بنفسك ، إلا إذا كنت تعرف بالفعل كيفية البرمجة ، وفي هذه الحالة ربما لا يزال يتعين عليك استشارة صديق!

بيانات غير متوقعة

تماما كما هو الحال مع التحليل الفني ككل ، فإن توقع تكرار الأنماط التاريخية هو الأساس الذي يعتمد عليه التداول الخوارزمي. أحداث البجعة السوداء * والعوامل غير المتوقعة ، مثل الأخبار والأزمة العالمية والتقارير الفصلية وما إلى ذلك ، يمكن أن تؤدي جميعها إلى التخلص من الخوارزمية وجعل الإستراتيجية السابقة غير مربحة.

عدم القدرة على التكيف

يقترن التحدي المتمثل في البيانات التي لا يمكن التنبؤ بها بعدم القدرة على التكيف مع الظروف بالنظر إلى البيانات السياقية الجديدة. بهذه الطريقة ، قد تكون هناك حاجة إلى تحديثات يدوية. من الواضح أن حل هذه المشكلة هو الذكاء الاصطناعي يتعلم ويحسن ويختبر ، لكن هذا أبعد ما يكون عن الواقع ، وإذا نجح ، فربما لن يكون جيدا للسوق ، نظرا لأن عددا قليلا من اللاعبين المؤثرين يمكنهم ببساطة تحقيق الدخل منه لاستخدامهم الخاص (بالنظر إلى أنه سيكون آلة طباعة نقود حرفية) أو مشاركتها مع الجميع ، وفي هذه الحالة ينطبق تحدي التدمير الذاتي (أدناه).

الانزلاق والتقلب وتعطل الفلاش.

نظرا لأن الخوارزميات تلعب وفقا لقواعد محددة ، فيمكن "خداعها" من خلال التقلبات وجعلها غير مربحة من خلال الانزلاق. على سبيل المثال ، قد تقفز عملة بديلة صغيرة عدة بالمائة ، سواء لأعلى أو لأسفل ، في ثوان. قد ترى الخوارزمية أن السعر يصل إلى أمر البيع المحدد ويؤدي إلى التصفية ، على الرغم من أن السعر يقفز ببساطة إلى السعر السابق أو أعلى.

التدمير الذاتي

في الحدوث الافتراضي ل الذكاء الاصطناعي ذكي يقوم بفرز جميع البيانات المتاحة ، ويحدد أفضل خوارزميات التداول الممكنة ، ويضعها موضع التنفيذ ، ويتكيف مع الظروف ، فإن العديد من هذه الذكاء الاصطناعي ستقضي على استراتيجيات التداول الخاصة بها. على سبيل المثال: لنفترض أن 1 مليون من هذه الذكاء الاصطناعي موجودة (حقا ، سيستخدمها العديد من الأشخاص أكثر من هذا إذا أصبحت متاحة للشراء). ستكتشف جميع أنظمة الذكاء الاصطناعي على الفور أفضل خوارزمية وتبدأ التداول عليها. إذا حدث هذا ، فإن التدفق الناتج للحجم سيجعل الاستراتيجية عديمة الفائدة. نفس السيناريو يحدث اليوم ، باستثناء بدون الذكاء الاصطناعي. من المحتمل أن يتم اكتشاف

استراتيجيات التداول الجيدة حقا من قبل عدة أشخاص ، ثم استخدامها ومشاركتها حتى لم تعد مربحة أو مربحة كما كانت من قبل. بهذه الطريقة ، تعيق الاستراتيجيات والخوارزميات الجيدة حقا تقدمها.

إذن ، هذه هي التحديات التي تمنع التداول الخوارزمي من أن يكون آلة مثالية ، لمدة 4 ساعات في الأسبوع ، تحفز على الإجازات الاستوائية ، وطباعة النقود. ومع ذلك ، يمكن أن تظل الخوارزميات مربحة بالتأكيد. تعتمد العديد من الشركات والشركات الكبيرة على أعمالها فقط على خوارزميات التداول المربحة. لذلك ، في حين لا ينبغي اعتبار روبوتات التداول أموالا سهلة ، إلا أنه يجب اعتبارها نظاما يمكن إتقانه إذا تم توفير الوقت والجهد الكافيين. فيما يلي بعض النقاط البارزة في التداول الخوارزمي وكيف يمكنك البدء:

الاختبار الرجعي

نظرا لأن الخوارزميات تأخذ مدخلات معينة وتتفاعل وفقا لذلك ، يمكن لمتداولي الخوارزميات إجراء اختبار رجعي لخوارزمياتهم مقابل البيانات التاريخية. على سبيل المثال ، بالانتقال إلى الأمثلة السابقة ، إذا أراد Trader X إنشاء خوارزمية تتداول على عمليات الانتقال EMA ، فيمكن لـ Trader X اختبار الخوارزمية عن طريق تشغيلها خلال كل عام كان فيه السوق بأكمله موجودا. سيتم بعد ذلك رسم العوائد ، ومن خلال اختبار الانقسام ، يمكن للمتداول X التوصل إلى صيغة ثبت تاريخيا أنها تعمل دون أن تضع الأموال على الطاولة. بهذه الطريقة ، يمكنك اختبار الخوارزميات الخاصة بك والتلاعب بمتغيرات مختلفة لمعرفة كيفية تأثيرها على العوائد الإجمالية. لتجربة إنشاء واستخدام خوارزمية تداول ، تحقق من هذه المواقع:

السيطرة على المخاطر

يعد الاختبار الرجعي طريقة رائعة للتخفيف من المخاطر. أفضل بديل هو من خلال الاستخدام المنضبط والمدروس لوقف الخسائر ووقف الخسائر المتحرك. وترد تفاصيل هاتين الأداتين في قسم إدارة المخاطر.

البساطه

كثير من الناس لديهم مفاهيم تداول الخوارزميات التي تتطلب رمزا معقدا ومتعدد الطبقات يتضمن مؤشرات أو أنماطا أو مذبذبات متعددة ، إن لم يكن اثني عشر أو أكثر. في حين أنه لا يمكن حساب المجهول ، فإن معظم الخوارزميات الناجحة التي يستخدمها المحترفون وغير المحترفين على حد سواء غير معقدة بشكل مدهش. وينطوي معظمها على مؤشر واحد، أو ربما مزيج من مؤشرين. أقترح عليك اتباع هذا المسار الثابت إذا كنت تدخل في التداول الخوارزمي ، ولكن ، مع ذلك ، إذا اكتشفت خوارزمية معقدة للغاية ومتفوقة ، فسأكون أول من يقوم بالتسجيل!

*الائتمان: كتاب، التحليل الفني للعملات المشفرة

كيف ستؤثر البيتكوين على المستقبل؟

كانت Bitcoin أول حالة استخدام ناجحة على نطاق واسع لـ blockchain. إن مسألة كيفية تأثير blockchain على المستقبل هي مسألة أكبر بكثير من مسألة التأثير المحتمل لبيتكوين فقط ، والتي تمت تغطية الكثير منها سابقا. فيما يلي المجالات التي سيكون فيها لـ blockchain (وبالتالي ، Bitcoin) تأثير كبير أو له تأثير كبير:

- إدارة سلسلة التوريد.
- إدارة الخدمات اللوجستية.
- إدارة آمنة للبيانات.
- المدفوعات عبر الحدود ووسائل المعاملات.
- تتبع ملكية الفنان.
- التخزين الآمن للبيانات الطبية ومشاركتها.
- أسواق NFT.
- آليات التصويت والأمن.
- ملكية العقارات التي يمكن التحقق منها.
- سوق العقارات.
- تسوية الفواتير وحل النزاعات.
- التذاكر.
- الضمانات المالية.
- جهود التعافي من الكوارث.
- ربط الموردين والموزعين.
- تتبع المنشأ.

- التصويت بالوكالة.
- عملة معماة.
- إثبات التأمين / بوالص التأمين.
- سجلات البيانات الصحية / الشخصية.
- الوصول إلى رأس المال.
- التمويل اللامركزي
- تحديد رقمي
- العملية / الكفاءة اللوجستية
- التحقق من البيانات
- معالجة المطالبات (التأمين).
- حماية الملكية الفكرية.
- رقمنة الأصول والأدوات المالية.
- الحد من الفساد المالي الحكومي.
- الألعاب عبر الإنترنت.
- القروض المشتركة.
- و اكثر!

هل البيتكوين هو مستقبل المال؟

مسألة ما إذا كانت بيتكوين نفسها هي "مستقبل المال" هي تكهنات. السؤال الحقيقي هو ما إذا كانت التكنولوجيا وراء Bitcoin والأنظمة التي تشجعها Bitcoin هي مستقبل المال. إذا كان الأمر كذلك ، فإن الاستثمار في العملة المشفرة ككل ، وكذلك البيتكوين (على الرغم من أن إمكانات النمو في ٪ في Bitcoin محدودة بالنسبة للعملات الأصغر نظرا لحجم الأموال الموجودة بالفعل) يعد رهانا جيدا للغاية.

التكنولوجيا الرئيسية التي تغذي البيتكوين هي blockchain ، والنظام العام الذي تشجعه Bitcoin هو اللامركزية. ينفجر كلا المجالين عبر العديد من حالات الاستخدام الآخذة في التوسع ولكل منهما القدرة على التأثير على كل جانب من جوانب الحياة ، من المدفوعات إلى العمل إلى التصويت. وعلى حد تعبير Capgemini Engineering، "إنها [بلوكتشين] تحسن السلامة والأمن بشكل كبير في قطاعات التمويل والرعاية الصحية وسلسلة التوريد والبرمجيات والقطاعات الحكومية". تشمل الشركات التي تستخدم تقنية blockchain أمازون (من خلال AWS) ، و BMW (في الخدمات اللوجستية) ، و Citigroup (في التمويل) ، و Facebook (من خلال إنشاء عملة مشفرة خاصة بها) ، و General Electric (سلسلة التوريد) ، و Google (مع BigQuery) ، و IBM ، و JPmorgan ، و Microsoft ، و Mastercard ، و Nasdaq ، و Nestlé ، و Samsung ، و Square ، و Tenent ، و T-Mobile ، والأمم المتحدة ، و Vanguard ، و Walmart ، والمزيد.[30] يشير العملاء والمنتجات الموسعة التي تدعمها أو تتمحور حول blockchain إلى استمرار blockchain في جانب أساسي من الإنترنت والخدمات غير المتصلة بالإنترنت. مع وضع كل هذا في الاعتبار ، لا تقتصر

---

[30] استنادا إلى بحث أجرته فوربس.

Bitcoin على التأثير داخل العملات المشفرة ، بل يمكنها ومن المحتمل أن تستهل عصر blockchain. فيما يتعلق بكون Bitcoin هو مستقبل المال والمدفوعات ، فإن السؤال المهم هو كيف تستجيب الحكومات لتهديد Bitcoin والعملات المشفرة. قد يطور البعض ، مثل الصين ، عملاتهم الرقمية الخاصة. البعض ، مثل السلفادور ، قد يجعل Bitcoin مناقصة قانونية. قد يتجاهل الآخرون العملات المشفرة أو يحظرونها. مهما كانت الطريقة التي تتفاعل بها الحكومات ، فإن حقيقة أنها ستضطر إلى الرد تعني أن Bitcoin كانت الرائد الذي ، بطريقة أو بأخرى ، سيغير المشهد المالي للعالم تماما من خلال التطبيق الناجح للأصول الرقمية والمدفوعة ب blockchain.

كم عدد المليارديرات بيتكوين؟

من الصعب معرفة عدد المليارديرات الموجودين في مساحة التشفير أو حتى داخل شبكة التشفير فقط نظرا لأن المقتنيات غالبا ما يتم تقسيمها على حسابات متعددة. ومع ذلك ، باستثناء البورصات ، هناك عشرون عنوان بيتكوين تحمل ما يعادل 1 مليار دولار أو أكثر ، وثمانين عنوان بيتكوين تحمل ما يعادل 500 مليون دولار أو أكثر.[31] يمكن أن يتقلب هذا الرقم بسهولة ، نظرا لأن العديد من المحافظ التي تبلغ قيمتها 500 مليون دولار إلى 1 مليار دولار يمكن أن تتجاوز مليار دولار بما يتماشى مع تقلبات Bitcoin ، وكما ذكرنا ، لا يتم تضمين حاملي البيتكوين الذين باعوا Bitcoin أو قسموا ممتلكاتهم محافظ متعددة. ومع ذلك ، من الآمن أن نقول إن ما لا يقل عن عشرين حسابا ، وما لا يقل عن 1 من اثني عشر شخصا ، قد حققوا أكثر من 1 مليار دولار من خلال الاستثمار في Bitcoin. حقق العشرات مئات الملايين أو المليارات من خلال الاستثمار في العملات المشفرة الأخرى.

---

[31] "أغنى 100 عنوان بيتكوين و ...." https://bitinfocharts.com/top-100-richest-bitcoin-addresses.html.

هل هناك مليارديرات بيتكوين سريون؟

ساتوشي ناكاموتو هو المثال الرئيسي لملياردير بيتكوين السري والمجهول. في السؤال أعلاه (كم عدد الأشخاص المليارديرات في Bitcoin؟) ، توصلنا إلى استنتاج مفاده أن ما لا يقل عن 1 دزينة من الأشخاص قد حققوا مليار دولار من خلال الاستثمار في Bitcoin. بالنظر إلى هذا الرقم ، وحقيقة أن عدد مليارديرات البيتكوين المشهورين يمكن حسابه من جهة (الأفراد ، وليس بما في ذلك الشركات) ، فمن المفترض أن عددا قليلا من حاملي البيتكوين حول العالم هم من مليارديرات البيتكوين الذين ظلوا بعيدا عن الأضواء. مع وضع هذه الفكرة في الاعتبار ، ربما كنت ، في مرحلة ما ، تقضي يومك وتتقاطع مع ملياردير بيتكوين سري.

هل ستصل البيتكوين إلى التبني السائد؟

هذا سؤال مثير للاهتمام. حاليا ، يستخدم حوالي 1٪ من العالم Bitcoin ، على الرغم من أن هذا ينحرف إلى 20٪ في أماكن مثل أمريكا ، وينخفض إلى 0٪ في أجزاء أخرى من العالم. لكي تصل العملة المشفرة إلى التبني السائد والشامل ، يجب أن تخدم نوعا من المنفعة. بشكل عام ، العملات المشفرة لها فائدة كمخزن للقيمة. طريقة للمعاملات ، أو كإطار لبناء الشبكات والمنظمات اللامركزية. تعد Bitcoin إلى حد بعيد أكبر العملات المشفرة وأكثرها قيمة ، ولكنها في الواقع ليست أفضل عملة مشفرة في أي من هذه الفئات. لذلك ، في حين أن Bitcoin هي Bitcoin (تشبه إلى حد كبير كيف يمكنك شراء ساعة أرخص من ساعة رولكس تناسبها بشكل أفضل وتبدو أجمل ، لكنك لا تزال تختار رولكس) والعلامة التجارية للبيتكوين قد أخذتها وستذهب بعيدا ، فمن غير المرجح أن تكون الرائدة الدائمة بين العملات المشفرة في العالم. ومع ذلك ، نظرا لقيمة علامتها التجارية وحجمها ، فقد تصل بالتأكيد إلى التبني الشامل والسائد ، نظرا لاتجاهات الاستخدام الحالية وحالات الاستخدام في مساحة العملة المشفرة.

هل سيتم الاستيلاء على Bitcoin من قبل العملات المشفرة الأخرى؟

سأشير إلى السؤال أعلاه في الإجابة على هذا. Bitcoin ، على الرغم من ضخامة الحجم والعلامة التجارية ، ليست في الواقع الأفضل في أي شيء في مجال التشفير. إنه ليس أفضل مخزن للقيمة ، وليس الأفضل لإرسال الأموال واستلامها ، وليس الأفضل كإطار عمل وشبكة لمستخدمي التشفير للعمل والبناء عليها. لذلك ، على المدى القصير ، بالنظر إلى العلامة التجارية النقية للبيتكوين وقيمتها السوقية الوحشية البالغة 1 تريليون دولار ، فمن غير المرجح أن يتم الاستيلاء عليها. ومع ذلك ، في غضون عقود أو قرون ، من المرجح أن يتم تمريرها بواسطة العملات المشفرة الأخرى حيث تتفكك القيمة التي تغذيها.

هل يمكن أن تتغير البيتكوين من PoW؟

نعم ، يمكن أن تتغير Bitcoin بالتأكيد من نظام إثبات العمل (إثبات العمل). بدأت Ethereum في إثبات العمل ومن المتوقع أن تتحول إلى PoS (إثبات الحصة) في أواخر عام 2021. سيجعل التبديل Ethereum أقل كثافة في استخدام الطاقة وأكثر قابلية للتطوير. من المؤكد أن انتقالا كهذا ممكن بالنسبة لبيتكوين ويعتبر الكثيرون أن الابتعاد عن إثبات العمل أمر لا مفر منه.

هل كانت Bitcoin أول عملة مشفرة على الإطلاق؟

تم إصدار الورقة البيضاء سيئة السمعة لساتوشي ناكاموتو في عام 2008 ، وتم إصدار Bitcoin نفسها في عام 2009. تعرف هذه الأحداث بأنها الأولى من نوعها. هذا صحيح جزئيا فقط.

في أواخر عام 1980 ، حاولت مجموعة من المطورين في هولندا ربط الأموال بالبطاقات لمنع تفشي سرقة النقود. استخدم سائقو الشاحنات هذه البطاقات بدلا من النقد. ربما يكون هذا هو المثال الأول للنقد الإلكتروني.

في نفس الوقت تقريبا مع تجربة هولندا ، وضع عالم التشفير الأمريكي ديفيد شوم تصورا لعملة قابلة للتحويل وقائمة على الرمز المميز. طور "صيغته المسببة للعمى" لاستخدامها في التشفير ، وأسس شركة DigiCash ، التي بدأت في عام 1988.

في تسعينيات القرن العشرين ، حاولت شركات متعددة أن تنجح حيث لم تفعل DigiCash. الأكثر شعبية منها كان PayPal إيلون ماسك. قدم PayPal مدفوعات P2P سهلة عبر الإنترنت وتكبد إنشاء شركة تسمى e-gold ، والتي قدمت ائتمانا عبر الإنترنت مقابل ميداليات ثمينة (تم إغلاق الذهب الإلكتروني لاحقا من قبل الحكومة). بالإضافة إلى ذلك ، في عام 1991 ، وصف الباحثان ستيوارت هابر و دبليو سكوت ستورنيتا تقنية blockchain. بعد عدة سنوات ، في عام 1997 ، استخدم مشروع Hashcash خوارزمية إثبات العمل لتوليد وتوزيع عملات معدنية جديدة ، وانتهى الأمر بالعديد من الميزات في بروتوكول Bitcoin. بعد عام واحد ، قدم المطور Wei Dai (الذي سميت بعده أصغر فئة من Ether ، وهي Wei) فكرة "نظام نقدي إلكتروني مجهول وموزع"

يسمى B-money. كان المقصود من B-money توفير شبكة لامركزية يمكن للمستخدمين من خلالها إرسال واستقبال العملات. لسوء الحظ ، لم تنطلق أبدا. بعد فترة وجيزة من الورقة البيضاء B-money ، أطلق Nick Szabo مشروعا يسمى Bit Gold ، والذي يعمل على نظام إثبات العمل الكامل (إثبات العمل). بت الذهب ، في الواقع ، يشبه نسبيا بيتكوين. كل هذه المشاريع وعشرات أخرى أدت في النهاية إلى Bitcoin. لهذا السبب ، لا يمكن القول أن Bitcoin كانت الأولى الحقيقية في العديد من المفاهيم والتقنيات التي تدعمها. ومع ذلك ، فإن Bitcoin هو بالتأكيد وبلا شك أول نجاح واسع النطاق لجميع التقنيات التي تشغله. كل شركة ومشروع قبل فشل بيتكوين، لكن بيتكوين صعدت إلى ما هو أبعد من البقية وحرضت على تحول عالمي هائل نحو التقنيات والمفاهيم التي بنيت عليها.

هل يمكن أن تكون Bitcoin أكثر من مجرد بديل للذهب؟

بيتكوين بالفعل "أكثر" من بديل للذهب. إنه يعمل ويتيح شبكة معاملات عالمية مع احتكاك أقل بكثير من الذهب. ومع ذلك ، فإن Bitcoin أكثر مقارنة بالذهب في حقيقة أن كلاهما يعتقد أنهما مخازن للقيمة ووسيلة للمعاملات. فيما يتعلق بهذا ، ربما لن تكون Bitcoin أكثر من مجرد بديل للذهب ، لأن البديل داخل العملة المشفرة أصبح تقنية ومنصة مثل Ethereum ، والتي تسمح للمستخدمين بالاستفادة من لغة البرمجة الخاصة بها ، والتي تسمى الصلابة ، لإنشاء dApps. ليس من المفترض أن تفعل Bitcoin أي شيء من هذا القبيل ، وعلى الرغم من أنها بالتأكيد تتمتع بفائدة أكبر من الذهب ، إلا أنها إلى حد ما من النوع الذي يتم إلقاؤه في دور "الذهب الرقمي".

ما هو زمن انتقال البيتكوين ، وهل هو مهم؟

الكمون هو التأخير بين وقت تقديم المعاملة والوقت الذي تتعرف فيه الشبكة على المعاملة ؛ في الأساس ، الكمون هو التأخر. زمن انتقال Bitcoin مرتفع جدا حسب التصميم (بالنسبة إلى 5-10 ثوان من البث التلفزيوني) من أجل إنتاج كتلة جديدة واحدة كل عشر دقائق. سيتطلب خفض زمن الوصول بشكل أساسي عملا أقل للتحقق من الكتل ، وهو ما يتعارض مع روح إثبات العمل. لهذا السبب ، لا ينبغي خفض زمن انتقال البيتكوين. ومع ذلك ، فإن زمن انتقال التداول يمثل مشكلة للبورصات والمتداولين في البورصات (خاصة متداولي المراجحة) ؛ مع انتقال HFT (التداول عالي التردد) والتداول الخوارزمي إلى سوق العملات المشفرة ، سيحظى الكمون بأهمية متزايدة.

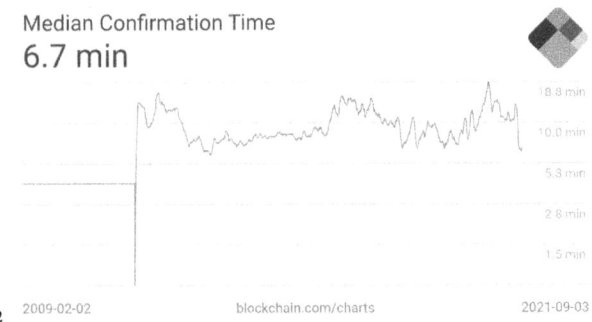

blockchain.com/charts

[32]

ما هي بعض نظريات مؤامرة البيتكوين؟

[32] المصدر: blockchain.com

بيتكوين (وخاصة ساتوشي ناكاموتو) هي بيئة ناضجة لنظريات المؤامرة. للمتعة فقط ، سنلقي نظرة على عدد قليل. ضع في اعتبارك ما يلي خياليا تماما ، مثل معظم نظريات المؤامرة ، ولا يوجد أي منها موثوق:

1. يمكن أن تكون *Bitcoin* قد تم إنشاؤها بواسطة وكالة الأمن القومي أو وكالة استخبارات أمريكية أخرى. ربما تكون هذه هي مؤامرة Bitcoin الأكثر انتشارا. ويؤكد أن بيتكوين تم إنشاؤها من قبل حكومة الولايات المتحدة، وأنها ليست خاصة كما نعتقد. بدلا من ذلك ، يبدو أن وكالة الأمن القومي لديها وصول خلفي إلى خوارزمية SHA-256 وتستخدم هذا الوصول للتجسس على المستخدمين.

2. يمكن أن تكون عملة البيتكوين الذكاء الاصطناعي. تنص هذه النظرية على أن Bitcoin هي الذكاء الاصطناعي تستخدم دافعها الاقتصادي لتحفيز المستخدمين على تنمية شبكتها. يعتقد البعض أن وكالة حكومية أنشأت الذكاء الاصطناعي.

3. يمكن إنشاء *Bitcoin* من قبل أربع شركات آسيوية كبرى. تعتمد هذه النظرية تماما على حقيقة أن "sa" في Samsung ، و "toshi" من Toshiba ، و "naka" من Nakamichi ، و "moto" من Motorola ، مجتمعة ، تشكل اسم مؤسس Bitcoin الغامض ، ساتوشي ناكاموتو. دليل قوي جدا على هذا.

لماذا تتبع معظم العملات الأخرى البيتكوين غالبا؟

Bitcoin هي في الأساس العملة الاحتياطية للعملات المشفرة ، أو مشابهة لمؤشر Dow و S و P لسوق الأسهم. حوالي 50٪ من القيمة في سوق العملات المشفرة تقع فقط على Bitcoin ، و Bitcoin هي العملة المشفرة الأكثر استخداما والأكثر شهرة في العالم. لهذه الأسباب ، فإن أزواج تداول

البيتكوين هي الزوج الأكثر استخداما لشراء Altcoins ، والذي يربط قيمة جميع العملات المشفرة الأخرى بعملة البيتكوين. يؤدي انخفاض البيتكوين إلى وضع أموال أقل في Altcoins ، بينما يؤدي ارتفاع Bitcoin إلى وضع المزيد من الأموال في Altcoins. لهذه الأسباب ، تتبع معظم (وليس كل) العملات في كثير من الأحيان (ليس دائما) الاتجاهات الصعودية / الهبوطية العامة للبيتكوين.

ما هي عملة البيتكوين كاش؟

كما ذكرنا سابقا ، تواجه Bitcoin مشكلة في الحجم: الشبكة ببساطة ليست سريعة بما يكفي للتعامل مع الكميات الكبيرة من المعاملات الموجودة في حالة التبني العالمي. في ضوء ذلك ، بدأت مجموعة من عمال مناجم ومطوري Bitcoin عملية انقسام بيتكوين في عام 2017. العملة الجديدة ، المسماة (BCH) Bitcoin Cash ، رفعت حجم الكتلة (إلى 32 ميغابايت في عام 2018) ، مما سمح للشبكة بمعالجة معاملات أكثر من Bitcoin ، وأسرع. في حين أن BCH ليست مهيأة لتحل محل Bitcoin أو تقترب من استبدالها ، إلا أنها بديل حل مشكلة كبيرة ، ولا يزال يتعين حل مسألة كيفية حل Bitcoin الأصلي لنفس المشكلة.

[33]

[33] جورجيستمك / CC BY-SA 4.0

كيف ستعمل البيتكوين أثناء الركود؟

تتمتع Bitcoin بفرصة كبيرة لتحقيق أداء جيد أثناء الركود ، على الرغم من أن هذه ليست إجابة قاطعة. نشأت عملة البيتكوين من أزمة الإسكان لعام 2008 ولكنها لم تشهد بعد أي انكماش اقتصادي مستمر وكبير منذ ذلك الحين (لا يتم احتساب COVID). من نواح كثيرة ، تعمل Bitcoin كمعادل رقمي للذهب ، وقد كان أداء الذهب تاريخيا جيدا خلال فترات الركود (لا سيما ، من 2007 إلى 2012) ، ويمكن لندرة Bitcoin وطبيعتها اللامركزية أن تجعلها استثمارا آمنا أثناء الركود ، وهو استثمار لن يخضع لسيطرة الحكومات على العملات الورقية والنظام النقدي التضخمي في العالم. وتجدر الإشارة أيضا إلى أن البيتكوين قد ارتفع تاريخيا خلال الأزمات الأصغر حجما: خروج بريطانيا من الاتحاد الأوروبي ، وأزمة الكونجرس لعام 2013 ، و COVID. لذلك ، كما تم التأكيد سابقا ، من المحتمل أن يكون أداء Bitcoin جيدا أثناء الركود (ما لم يصبح الركود سيئا لدرجة أن الناس ببساطة ليس لديهم أموال للاستثمار ، وفي هذه الحالة يكون لدى Bitcoin ، وكذلك جميع الأصول ، فرصة ضئيلة لتجربة أي شيء باستثناء اللون الأحمر). في كلتا الحالتين ، في حالة الركود ، فإن معظم العملات المشفرة بخلاف Bitcoin (خاصة العملات البديلة الأصغر) ستواجه بالتأكيد خسائر فادحة ؛ سيتم مسح معظمها عمليا من الخريطة. سيكون مثل هذا السيناريو حدثا ضخما لتصفية العملات البديلة ، وهو أمر صحي للغاية للسوق ككل.

هل يمكن للبيتكوين البقاء على قيد الحياة على المدى الطويل؟

ما يجب مراعاته هو إلى أي مدى ستبقى Bitcoin على المدى الطويل ؛ وإلى أي درجة سينمو التبني والاستخدام. بغض النظر ، ستكون Bitcoin موجودة على نطاق واسع خلال العقود القليلة القادمة. فرص استمرارها على نطاق واسع خلال القرون القليلة القادمة غير محتملة نظرا للمنافسة الأحدث وبدائل البيتكوين. ومع ذلك ، فمن المؤكد أنها يمكن أن تظل أفضل عملة مشفرة طالما أن العملات المشفرة موجودة (خاصة إذا تم تنفيذ الترقيات ، مثل شبكة الإضاءة) ؛ يعتمد الاحتمال المسبق فقط على حقيقة أن الأول من نوعه ليس عادة الأفضل من نوعه ، وأن معظم العملات عبر التاريخ لا تدوم (على نطاق واسع) لأي جزء كبير من الوقت.

ما هو الهدف النهائي للبيتكوين والعملات المشفرة؟

تحقق الرؤية النهائية للعملة المشفرة ما يلي:

1. بالنسبة إلى Bitcoin على وجه التحديد ، لتمكين المستخدمين من إرسال الأموال عبر الإنترنت بطريقة آمنة دون الاعتماد على مؤسسة مركزية ، بدلا من الاعتماد على إثبات التشفير.

2. القضاء على الحاجة إلى الوسطاء وتقليل الاحتكاك في سلاسل التوريد والبنوك والعقارات والقانون وغيرها من المجالات.

3. القضاء على المخاطر التي تواجهها البيئة التضخمية والغرب المتوحش (من حيث السيطرة الحكومية منذ أن تم إزالة العملات الورقية من معيار الذهب) للعملات الورقية.

4. تمكين التحكم الآمن تماما في الأصول الشخصية دون الاعتماد على مؤسسات الجهات الخارجية.

5. تمكين حلول blockchain في المجالات الطبية واللوجستية والتصويت والتمويل ، بالإضافة إلى أي مكان آخر قد تنطبق فيه هذه الحلول.

هل البيتكوين مكلف للغاية لاستخدامه كعملة مشفرة؟

السعر المطلق غير ذي صلة إلى حد كبير بالعملات المشفرة (وكذلك للأسهم ، كما كتبت عنه في كتب أخرى). بينما تمت تغطية هذه الإجابة في مكان آخر في قواعد التداول ، سألخص القسم ذي الصلة أدناه:

بالنظر إلى أنه يمكن تحديد / تغيير العرض والسعر الأولي ، فإن السعر نفسه غير ذي صلة إلى حد كبير بدون سياق. فقط لأن عملة Binance (BNB) بسعر 500 دولار و Ripple (XRP) بسعر 1.80 دولار لا يعني أن XRP تساوي 277 ضعفا من قيمة BNB ؛ تقع العملتان حاليا في حدود 10٪ من القيمة السوقية لبعضهما البعض. عندما يتم إنشاء عملة مشفرة لأول مرة ، يتم تعيين العرض من قبل الفريق وراء الأصل. قد يختار الفريق إنشاء 1 تريليون قطعة نقدية ، أو 10 ملايين. إذا نظرنا إلى الوراء في XRP و BNB ، يمكننا أن نرى أن Ripple لديها ما يقرب من 45 مليار قطعة نقدية متداولة ، و Binance Coin لديها 150 مليون. بهذه الطريقة ، لا يهم السعر حقا. يمكن أن تساوي العملة المعدنية بسعر 0.0003 دولار أكثر من عملة معدنية بسعر 10,000 دولار من حيث القيمة السوقية ، والعرض المتداول ، والحجم ، والمستخدمين ، والمرافق ، وما إلى ذلك. السعر أقل أهمية بسبب ظهور الأسهم الكسرية ، مما يتيح للمستثمرين استثمار أي مبلغ من المال في عملة معدنية أو رمز مميز بغض النظر عن السعر. يكمن التأثير الرئيسي الوحيد للسعر في التأثير النفسي ، والذي يجب فحصه أثناء تداول البيتكوين والعملات البديلة.

ما مدى شعبية البيتكوين؟

يمتلك ما لا يقل عن 1.3% من العالم حاليا عملة البيتكوين ، والتي ، مع الأخذ في الاعتبار نصف مليار عنوان بيتكوين في الوجود ، تجعلها تحظى بشعبية كبيرة. ويشمل هذا الرقم 46 مليون أمريكي، وهو ما يمثل 14% من السكان و 21% من البالغين،[34] في حين وجدت دراسة أخرى أن 5% من الأوروبيين يمتلكون بيتكوين.[35] لكن الأبرز من ذلك هو معدل الزيادة الأسي. كان هناك أقل من مليون محفظة بيتكوين في عام 2014 ، وهو ما يمثل زيادة بمقدار 75 ضعفا منذ ذلك الحين ، ومعدل نمو قدره 10 أضعاف (1000%) سنويا.

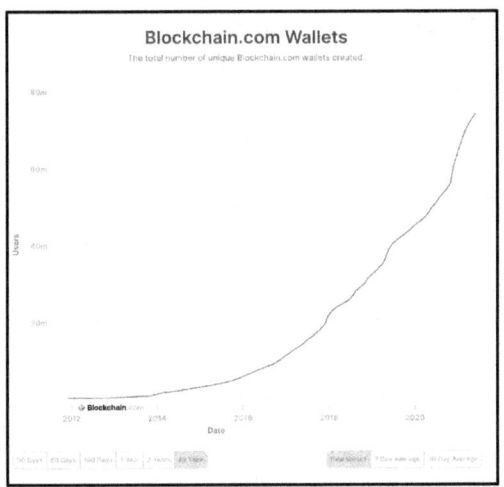

[36]ولا تظهر مثل هذه الاتجاهات أي علامة على التوقف، والنمو، إن كان هناك أي شيء،

---

[34] "الإحصاءات الديموغرافية للولايات المتحدة ...."
https://www.infoplease.com/us/census/demographic-statistics.

[35] • الرسم البياني: كم عدد المستهلكين الذين يمتلكون عملة مشفرة؟ | ستاتيستا." 20 أغسطس 2018, https://www.statista.com/chart/15137/how-many-consumers-own-cryptocurrency/.

[36] "Blockchain.com." https://www.blockchain.com/. تم الوصول إليه في 9 يونيو 2021.

فهو في طريقه إلى الارتفاع. لذلك ، باختصار ، تحظى Bitcoin بشعبية ملحوظة ومن المرجح أن تصل إلى نقطة التحول في التبني الجماعي في العقود القليلة المقبلة.

الكتب

- اتقان بيتكوين - أندرياس م. أنتونوبولوس
- إنترنت المال - أندرياس م. أنتونوبولوس
- معيار البيتكوين - سيفدين عموس
- عصر العملات المشفرة - بول فيجنا
- الذهب الرقمي - ناثانيال بوبر
- مليارديرات البيتكوين - بن ميزريتش
- أساسيات عملات البيتكوين وسلاسل الكتل - أنتوني لويس
- ثورة بلوكتشين - دون تابسكوت
- الأصول المشفرة - كريس بورنيسكي وجاك تتار
- عصر العملات المشفرة - بول فيجنا ومايكل جيه كيسي

التبادلات

- Binance - binance.com (binance.us للمقيمين في الولايات المتحدة)
- كوين بيز - coinbase.com
- كراكن – kraken.com
- التشفير - crypto.com
- الجوزاء - gemini.com
- eToro – etoro.com

البودكاست

- ماذا فعلت بيتكوين بواسطة بيتر ماكورماك (بيتكوين)
- قصص غير مروية (قصص مبكرة)
- غير مقيد بواسطة لورا شين (مقابلات)
- طبقة الأساس لديفيد ناج (مناقشات)
- انهيار ناثانيال ويتمور (قصير)
- تشفير كامفاير بودكاست (استرخاء)
- إيفان على التكنولوجيا (تحديثات)
- HASHR8 بواسطة Whit Gibbs (تقني)
- آراء غير متحفظة من ريان سيلكيس (مقابلات)

الخدمات الإخبارية

- كوين ديسك - coindesk.com
- كوينتيليغراف – cointelegraph.com
- اليوم على السلسلة – todayonchain.com
- أخبار BTC – newsbtc.com
- مجلة بيتكوين - bitcoinmagazine.com
- كريبتو سليت - cryptoslate.com
- Bitcoin.com – news.bitcoin.com
- بلوكونومي – بلوكونومي

خدمات الرسوم البيانية

- تريدينج فيو – tradingview.com
- كريبتو فيو - cryptoview.com
- التر ادي – Altrady.com
- كوينيجي - Coinigry.com
- تاجر العملات - Cointrader.pro
- كريبتو ووتش - Cryptowat.ch

قنوات يوتيوب

بنيامين كوين

Hatps://vv.youtube.com/channel/ukrvak-ux-w0soig

ركن المكتب

Hatps://vv.youtube.com/c/koinbureyu

الذباب

https://www.youtube.com/c/Forflies

داتا داش

Hatps://vv.youtube.com/c/datadash

شيلدون إيفانز

Hatps://vv.youtube.com/c/sheldonevan

أنتوني بومبليانو

Hatps://vv.youtube.com/channel/usevspell8knynav-nakz4m2w

.. ايمستون

https://www.youtube.com/channel/UC7S9sRXUBrtF0nKTv

LY3fwg/abou ر

.. لارك ديفيس

Hatps://vv.youtube.com/channel/ucl2okaw8hdar_kbkidd2kal

ia

.. ألتكوين ديلي

-https://www.youtube.com/channel/UCbLhGKVY

bJPcawebgtNfbw

www.ingramcontent.com/pod-product-compliance
Lightning Source LLC
LaVergne TN
LVHW012022060526
838201LV00061B/4417
* 9 7 9 8 8 6 9 3 1 0 1 7 0 *